한 걸음 물러나
　　　바라본 삶

한 걸음 물러나 바라본 삶

발 행 일 2025년 8월 25일 초판 1쇄 발행
2025년 10월 1일 초판 2쇄 발행
지 은 이 이유재
발 행 인 김현균
편　　집 노지호
발 행 처 (주)미디어스트리트
출판등록 2004년 12월 24일(제2004-350호)
주　　소 서울시 강남구 선릉로 513, 10층(역삼동)
전　　화 02-6249-6077
팩　　스 02-6249-6106
홈페이지 www.mediastreet.co.kr

ISBN 979-11-6010-082-2 03810
정가 20,000원

잘못된 책은 바꿔드립니다.
미디어스트리트의 허가 없이 무단 전재 및 복제를 금합니다.

한 걸음 물러나
바라본 삶

나를 위한 작은 쉼,
우리를 위한 나직한 동행

―

이유재 에세이

MEDIA STREET

프롤로그

잠시 멈춘 자리에서
쓰다

어느 날은 앞만 보고 달렸고,
또 어느 날은 그냥 멈춰 서 있었습니다.

그러다 문득, 잠시 걸음을 멈추고 나서야
비로소 보이는 것들이 있었습니다.
바람처럼 스쳐 지나간 하루들,
다시 돌아오지 않을 말들,
무심히 지나쳤던 사람의 눈빛까지.
이 글들은 그런 순간의 기록입니다.

누군가에게는 조용한 공감이 되고,
누군가에게는 스쳐간
마음을 다시 떠올리게 해주는
작은 쉼표가 되었으면 합니다.
삶을 잘 살아내고 싶었던
한 사람의 사적인 메모들.

잘 살았는지는 모르겠지만
적어도, 애쓰며 살아냈던 마음만큼은
조용히 남겨두고 싶었습니다.
지금 이 페이지를 펼친 당신에게,
이 문장들이 조용히 닿기를 바랍니다.

우리 모두,
잠시 멈춘 자리에서 조금 더 단단해지기를.

차례

프롤로그
잠시 멈춘 자리에서 쓰다 · 6

1장
넘어진 자리에서 다시 걷는 법을 배우다

한 가지의 법칙 · 12
중요한 것은 꺾이지 않는 마음 · 14
젠슨 황의 성공 비결에서 배우는 교훈 · 16
나는 아무것도 두려워하지 않는다 · 18
때로는 잘못 탄 기차가 · 22
실패를 하고 나서 · 24
기적은 포기하지 않는 자에게 · 26
모든 것을 잃고 나서 · 30
무릎을 꿇지 않은 승부 · 32
꺾이지 않는 메시 · 34
대나무에서 배우는 교훈 · 38
진정한 영웅 · 40
나는 배웠다 · 42
정직과 겸손 · 48
괴테의 명언 · 50
바꿀 수 없는 것과 바꿀 수 있는 것 · 52

2장
말보다 마음이 닿는 순간을 위하여

경청의 마법 • 58
조언보다 공감 • 62
닫힌 마음을 여는 시간 • 64
부모의 역할 • 68
소통의 기술은 내게서 시작된다 • 72
'척'하는 함정 • 74
기쁨과 슬픔, 나누면 좋을까? • 76
세상 참 좁다! • 80
습관화의 덫 • 82
3무 사회 • 88
풀꽃을 바라보는 태도 • 90
성격 좋은 사람도 가스라이팅 • 92
당신은 꼰대인가? • 96
눈으로 하는 작별 • 100
헤어짐에 대하여 • 102
당신은 나에게, 나도 이제는 당신에게 • 104
온전히 연결되는 순간 • 106

3장
청춘은 피부에 있지 않고, 가슴에 있다

청춘에 대하여 • 112
40년 만의 비행 • 116
조용필의 끝없는 도전 • 118
나이에 대한 오해를 깨닫다 • 120
나는 이렇게 나이 들고 싶다 • 122
나의 마음은 몇 살일까? • 124
60년간 붓을 든 호크니 • 126
서브스턴스 : 욕망의 끝에서 맞이한 파국 • 130
인생의 황금기는 지금 • 134
주연으로 사는 법 • 136
오대산 전나무 숲길에서 • 140
장수의 늪 • 142
새로운 한 해를 맞이하며 • 146

4장
작품을 보는 것이 아니라, 삶을 마주하는 순간

- 슬램덩크, 포기의 순간을 넘다 • 150
- 이효석 문학관에서 만난 감동 • 154
- 뭉크의 「절규」 전시 • 156
- 비틀즈를 생각하며 • 158
- 박대성 화백의 삶 • 160
- 1억짜리 바나나를 본 이유 • 162
- 전화위복의 도시, 올레순 • 166

5장
승부보다 더 빛나는 순간이 있다

- 안세영의 투혼 • 172
- 0.01초의 역전극 • 174
- 배드민턴 여왕 안세영, 세계선수권대회 우승 • 176
- 서울대 야구부의 승리 • 178
- 신유빈과 전지희, 금메달보다 더 빛났던 조화 • 182
- 세계선수권에서의 기적 • 184
- 스포츠에서 배우는 서비스의 원칙 • 186
- 새로운 테니스 황제, 알카라스 • 192

6장
멈출 수 있어야 다시 달릴 수 있다

- 직업병과 휴식 • 196
- 워라밸을 넘어 워라블로 • 198
- 일과 삶의 몰입과 중독 • 202
- 힘을 빼야 보이는 것들 • 206
- 준비하지 말고, 오늘 행복하기 • 210
- 뇌를 쉬게 하라 • 212
- 서두르지 말고, 멈추지도 말고 • 216

7장
세상을 걷다가, 나를 돌아보다

꺾이지 않는 현대차, 미국 판매 1500만대 돌파 • 220
현대차, 미국 1억대 생산의 기적 • 222
대학의 위기 • 226
리버풀에서 • 228
정주영과 중동의 역발상 • 230
잘못된 의사결정의 대가 • 234
골프 전설, 최경주의 승리 • 238
올림픽의 순간, 그 자리에 다시 서다 • 240
습관을 바꾸면 인생이 바뀐다 • 244
새해 인사 소감 • 248

8장
흔들려도 놓치지 말아야 할 것들

We will either find a way or make one • 252
삶의 두 가지 큰 일 • 256
용서, 행복으로 가는 지름길 • 260
마음의 근육을 키우는 법 • 264
수치심에 대하여 • 268
사람의 괴로움은… • 270
집착하지 않을 결심 • 272
인생은 겸손을 배우는 수업 • 274
고객 사랑의 비밀 • 276
좋은 질문과 나쁜 질문 • 280
무엇을 하든 간에 • 282
좋아하는 일과 잘하는 일 • 284

에필로그
여전히 배움은 계속되고 있습니다 • 286

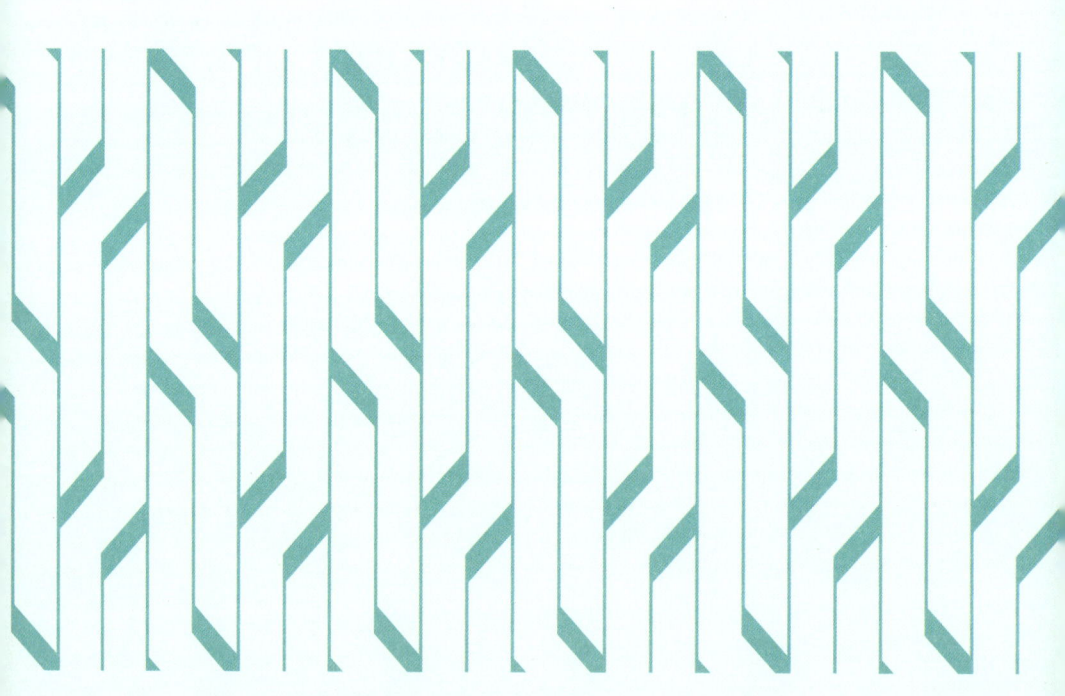

01

넘어진 자리에서 다시 걷는 법을 배우다

- 한 가지의 법칙
- 중요한 것은 꺾이지 않는 마음
- 젠슨 황의 성공 비결에서 배우는 교훈
- 나는 아무것도 두려워하지 않는다
- 때로는 잘못 탄 기차가
- 실패를 하고 나서
- 기적은 포기하지 않는 자에게
- 모든 것을 잃고 나서
- 무릎을 꿇지 않은 승부
- 꺾이지 않는 메시
- 대나무에서 배우는 교훈
- 진정한 영웅
- 나는 배웠다
- 정직과 겸손
- 괴테의 명언
- 바꿀 수 없는 것과 바꿀 수 있는 것

한 가지의 법칙

"찾아보면, 한 가지 좋은 점은 꼭 있다."
국민 아나운서 이금희 씨가 평소에 자주 말하는,
이른바 '한 가지의 법칙'이다.
처음 들었을 때는 단순한 위로처럼 느껴졌지만,
어느 순간 이 말이 가슴 깊이 와 닿는 순간이 있었다.

종아리 근육이 파열돼 한 달 넘게 고생한 적이 있다.
걷는 것도, 계단을 오르는 것도 고역이었다.
그 시간 동안 불편함은 일상이 되었고,
평범하게 걷는 일이 얼마나 큰 축복이었는지를 새삼 알게 됐다.

그보다 더 크게 다가온 것은,
몸이 불편한 분들의 하루를 조금은 이해하게 되었다는 사실이었다.
횡단보도 신호가 왜 그리 짧은지, 왜 사람들이 급하게 뛰다가
중심을 잃는지를
몸으로 겪고 나서야 알게 되었다.
버스에 오르기 전 마음속으로 시간을 셈하고,

계단 앞에서 괜히 주춤거리게 되는 그 조심스러운 순간들.
그동안 너무 무심했던 풍경들이 새롭게 보였다.

한 번의 체험은 백 마디 말보다 강하다.
누군가의 처지를 이해한다는 건, 결국 같은 높이에서
세상을 보는 일이다.
그리고 그 시작은 아주 작고 사소한 불편함 하나에서
비롯될지도 모른다.

고통스러운 시간이었지만, 그 속에서도 분명 배울 게 있었다.
'한 가지의 법칙'은 그렇게 나에게 조용한 울림을 남겼다.

중요한 것은
꺾이지 않는 마음

올 한 해를 천천히 돌아보았다.
고요한 날도 있었지만, 생각보다 굽이굽이 많은 해였다.
종아리 근육이 파열되어 한 달 반 넘게 불편하게 지내면서
무탈한 일상이 얼마나 귀하고 감사한 것인지 새삼 깨달았다.

아무렇지 않게 걷고,
계단을 힘차게 오르며,
발걸음에 리듬을 실을 수 있는 하루가
사실은 매일 우리에게 주어진 축복이었다.

그러던 중, 카타르 월드컵에서
손흥민 선수가 부상 투혼으로 그라운드를 누비는 모습을 보았다.
안면 보호대를 쓰고도 한 치의 망설임 없이 공을 향해
달려드는 그 모습.
그리고 온 국민의 바람이 닿았는지,
한국 팀은 벼랑 끝에서 기적처럼 16강에 올랐다.
그 순간, 가슴속에 차오른 벅찬 희열은

나를 조용히 일으켜 세웠다.

삶에는 늘 예기치 못한 구비가 찾아온다.
때로는 아프고, 낙심되고, 모든 걸 내려놓고 싶을 때도 있다.
그럴 때마다 마음속에 조용히 되뇌어 본다.
"중요한 것은 꺾이지 않는 마음."

넘어져도 괜찮다.
잠시 주저앉아도 된다.
다만, 마음만은
끝까지 꺾이지 않기를.

젠슨 황의
성공 비결에서 배우는 교훈

요즘 가장 뜨거운 기업을 꼽으라면 단연 NVIDIA일 것이다.
그리고 그 중심에는, 검은 가죽 재킷을 입고 무대 위에 서는
창업자 젠슨 황이 있다.

그는 늘 무언가를 강조한다.
"강력한 제품, 정교한 전략, 빠른 실행력"
이 모든 것도 물론 중요하지만,
그가 가장 자주 말하는 단어는 다름 아닌 '일관성'이다.

"우리는 매일같이 실패했습니다.
하지만 매일 다시 일어났습니다.
그 반복이 회사를 여기까지 오게 했습니다."

그의 이 말이 유난히 마음에 남는다.
수많은 실패와 시행착오를 겪고도 흔들리지 않는 태도.
그것이야말로
우리가 흔히 간과하는 '성공의 진짜 조건'이 아닐까.

한 번의 반짝이는 아이디어보다
매일을 성실하게 견디는 힘,
결과가 오랜 시간 보이지 않더라도
방향을 잃지 않는 끈기.

젠슨 황은 그렇게 말없이 증명하고 있었다.
누구보다 뜨거운 열정으로,
그러면서도 놀라울 만큼 꾸준하게.

우리는 종종 성공을 '특별한 무언가'에서 찾으려 한다.
하지만 어쩌면 가장 특별한 것은,
매일의 평범함을 포기하지 않는 일인지도 모른다.

나는 아무것도
두려워하지 않는다

'나는 아무것도 두려워하지 않는다.'

이 짧은 한 문장을 가만히 되뇌어 본다.
흔들리는 순간에도, 불안이 밀려오는 밤에도
이 말이 내 안에 남아 있을 수 있다면
그 자체로 하나의 용기다.

두려움은 누구에게나 있다.
익숙한 것을 잃을까 봐,
남들과 비교될까 봐,
혹은 지금의 내가 부족하게 보일까 봐.

하지만 가만히 생각해보면
두려움은 대부분 아직 오지 않은
미래에 대한 상상에서 비롯된다.
그리고 그 상상은
대부분 현실보다 더 크고 어둡게 부풀려져 있다.

손흥민 선수는 월드컵 무대를 앞두고 이렇게 말했다.
"나는 아무것도 두렵지 않습니다.
제가 할 수 있는 모든 걸 보여주고 싶을 뿐입니다."

그 말은 허세가 아니라,
지금 이 순간에 집중하겠다는 결의로 들렸다.

두려움을 없애는 가장 좋은 방법은
두려움에 맞서는 것이 아니라,
지금 내가 할 수 있는 일에 몰입하는 것이다.

두려움은 미래에 머물지만,
용기는 지금, 이 순간에 존재하니까.

나 역시 그렇게 살아가고 싶다.
결과에 연연하지 않고,
평가에 휘둘리지 않고,

그저 내가 믿는 것을 향해
오늘 한 발을 내딛는 사람으로.

그래서 다시 한 번 마음속으로 되새긴다.
나는 아무것도 두려워하지 않는다.
적어도, 오늘은.

두려움을 없애는 가장 좋은 방법은
두려움에 맞서는 것이 아니라,
지금 내가 할 수 있는 일에 몰입하는 것이다.

때로는
잘못 탄 기차가

"때로는 잘못 탄 기차가
우리를 목적지로 데려다준다."

파울로 코엘료가 남긴 이 말은
지금도 내 마음속에 오랫동안 남아 있다.

삶은 예측할 수 없고,
우리는 늘 모든 걸 통제할 수 있다고 믿지만
실은 많은 일이 우연과 예상 밖에서 시작된다.

처음엔 망했다고 생각했던 선택이,
돌아보면 오히려 더 나은 길이 되었던 적이 있다.
그 길이 아니었다면 만나지 못했을 사람들,
그때의 실패가 아니었다면
다시 보지 못했을 내 마음의 진심.

물론, 잘못 탄 기차 안에서 우리는 혼란스럽고 불안하다.

하지만 어쩌면 그 기차가
우리를 아주 조용하고 놀라운 풍경으로 이끌지도 모른다.

삶은 그런 방식으로,
때때로 돌아가면서
조금 늦게, 그러나 더 깊이 우리를 이끈다.

그러니 너무 두려워하지 않아도 좋다.
지금 내 앞의 길이
계획대로가 아니더라도.

실패를
하고 나서

"로마는 하루아침에 이루어진 것이 아니다.
그러나 로마는 하루아침에 무너지지도 않았다."
_시오노 나나미, 《로마인 이야기》

이 문장을 처음 읽었을 때,
나는 그 밑에 조용히 밑줄을 그었다.
그리고 마음속으로 이렇게 덧붙였다.
"나도 그렇다."

우리는 자주 하루의 실패를 인생의 실패처럼 받아들인다.
작은 실수 하나에도
모든 것을 그만두고 싶은 충동을 느끼고,
한 번의 좌절에
마치 내 가능성이 모두 끝난 것처럼 위축되곤 한다.

하지만 로마는 그렇게 무너지지 않았다.
수많은 전쟁과 내분 속에서도

로마는 다시 일어섰고,
무너지다가도 다시 쌓아 올려졌다.

우리 삶도 마찬가지다.
실패는 우리를 잠시 멈춰 세울 수는 있지만,
완전히 끝내지는 못한다.
그 실패 이후에 우리가 어떤 태도로 서 있는지,
무엇을 배우고 다시 걷는지가 더 중요하다.

나도 그랬다.
넘어진 후, 더 단단해졌고
포기하고 싶었던 날들 덕분에
나를 조금 더 믿게 되었다.

로마가 그랬듯,
나 역시
하루아침에 무너지지는 않는다.

기적은
포기하지 않는 자에게

2022년 겨울,
우리는 텔레비전 앞에서 눈을 떼지 못했다.
한국 대표팀이 포르투갈과의 마지막 조별 예선 경기에서
극적인 역전승을 거두며 16강 진출을 확정 짓던 순간.
정말, 누구도 쉽게 예상하지 못했던 결과였다.

그날 경기가 끝난 직후,
손흥민은 이렇게 말했다.
"저희는 포기하지 않았습니다.
끝까지 포기하지 않았기 때문에
기회가 왔다고 생각합니다."

그 말은 단순한 승리의 소감이 아니라
한 팀이 끝까지 믿고 버텼던 시간을 요약한 한 문장이었다.

우리는 종종 '기적'을 기다리지만,
그 기적이 그냥 오는 경우는 거의 없다.

포기하지 않고
희박한 가능성 앞에 계속 나아갔던 사람들이
그 기적의 장면을 '직접 보게 되는 것'일 뿐이다.

손흥민은 부상으로 안면 보호대를 쓴 채
그라운드를 뛰었다.
패스를 받는 순간, 그는
단 한 번도 고개를 들지 않고
정확히 황희찬에게 공을 건넸다.
그 짧은 찰나에 담긴 건
기술이 아니라 믿음이었다.
포기하지 않았기에 가능한 선택.

그리고 그 공이 골문 안으로 빨려 들어갔을 때,
우리는 알게 됐다.
기적은 가능성의 문제가 아니라
의지의 문제라는 걸.

삶도 그렇다.
우리는 종종 지쳐서 멈춰버리지만
사실 가장 놀라운 장면은
끝에서 단 한 걸음 더 갔을 때 펼쳐진다.

그날 밤,
포기하지 않은 사람들이 기적을 만들어냈다.
그 장면은 우리 모두에게 말하고 있었다.

기적은,
포기하지 않는 자에게 온다.

삶도 그렇다.
우리는 종종 지쳐서 멈춰버리지만
사실 가장 놀라운 장면은
끝에서 단 한 걸음 더 갔을 때 펼쳐진다.

모든 것을
잃고 나서

"나는 집도, 재산도, 책도, 친척도, 친구도,
세상에서 그 어떤 것도 없었지.
심지어 나는 나 자신조차 갖고 있지 않았어.
그래도 난 행복했어. 정말 행복했어!"
_니코스 카잔차키스, 《그리스인 조르바》

이 장면은, 삶에 대해 가장 자유로운 태도를 지닌 조르바가
자신의 모든 것을 잃은 뒤에 한 고백이다.
그는 진심으로, 거짓 없이 말한다.
"그럼에도, 행복했다"고.

이 문장을 처음 읽었을 때,
나는 한동안 책장을 넘기지 못했다.
잃는다는 건 곧 무너진다는 뜻이라고 생각했는데,
조르바는 그 반대편에서 서 있었다.
모든 것을 잃고 나서야
비로소 진짜 자유가 찾아온다고 말하는 사람.

우리도 삶에서 크든 작든 무언가를 잃는다.
사랑, 명예, 자리, 꿈. 그리고 그것이 사라지는 순간
나 역시 사라진 것만 같을 때가 있다.

하지만 그 빈자리는 다시 채워야 할 공간이기도 하다.
삶이 다시 나에게 말을 걸기 시작하는 자리,
나는 무엇으로도 증명될 필요가 없다는
근원적인 자유가 깃드는 자리.

조르바처럼 모든 것이 사라진 뒤에도 기억할 수 있다면 좋겠다.

나는 여전히 나라는 존재로 남아 있고,
그 자체로 살아갈 수 있다는 것.

때로는,
모든 것을 잃고 나서야
우리는 더 단순하고도 확실한 행복에 도달한다.

무릎을
꿇지 않은 승부

항저우 아시안게임.
여자 배드민턴 단식 결승전에서 안세영이
중국의 강호 천위페이를 꺾고 극적인 금메달을 차지했다.
하지만 그보다 더 오래 남은 건,
그녀가 보여준 경기력 이전의 태도였다.

1세트 도중, 안세영은 갑작스러운 무릎 통증으로 코트에 쓰러졌다.
움직임은 눈에 띄게 둔해졌고, 점프조차 불가능해 보였다.
관중석에서 지켜보던 엄마는 "기권해도 돼!"라고 외쳤다.

모두가 경기가 끝났다고 생각했다.
그러나 안세영은 일어섰다.
한 걸음 한 걸음, 무릎을 감싸며 다시 라켓을 들었다.

기술적인 완벽함보다 놀라웠던 건,
그녀가 보여준 집중과 침착함이었다.
과감한 스매시 대신 차분한 스트로크,

무리한 추격 대신 빈틈을 읽는 시선.
그리고 결국, 부상에도 불구하고 우승을 거머쥐었다.

"다친 뒤 오히려 마음이 편해졌어요.
힘을 빼고, 스트로크 하나하나에 집중했어요."
경기 후 그녀가 한 이 말은 단순한 소감이 아니었다.
스스로를 통제하고, 몰입하고,
그 안에서 평정을 찾아낸 사람만이 할 수 있는 고백이었다.

무릎은 다쳤지만 그녀는 결코 무릎 꿇지 않았다.
그 투혼과 의연함은 단지 스포츠의 영역을 넘어
우리 모두의 삶에 닿아 있다.

삶은 언제나 뜻대로 되지 않는다.
하지만 중요한 건, 포기하지 않는 자세,
그리고 마음속 중심을 지키는 일이다.
때로는 그 '힘을 뺀 태도'가 진짜 힘이 된다.

꺾이지 않는
메시

메시는 5번의 월드컵 도전 끝에 마침내 우승을 거머쥐었다.
수많은 기록을 갈아치우며 'GOAT(The Greatest of All Time)',
역대 최고의 선수로 불리는 자리에 올랐다.

그러나 그 화려한 정상의 이면에는
시련과 좌절, 그리고 포기의 순간도 있었다.

어릴 적 그는 성장 호르몬 결핍이라는 희귀병을 앓았고,
국가대표로 나설 때마다 기대에 못 미치는 성적에
거센 비난을 받으며 결국 2016년 대표팀 은퇴를 선언했다.

그런 메시를 다시 일으켜 세운 것은
화려한 전술도, 대중의 여론도 아닌
한 시골 초등학교 여교사의 편지였다.

이 편지는 삽시간에 전 세계로 퍼졌고,
메시는 6주 만에 다시 유니폼을 입었다.

메시에게 보낸 여교사의 편지

리오넬 메시에게,
당신은 아마 이 편지를 읽지 않겠죠.
하지만 저는 오늘 축구 팬이 아닌 한 사람의 교사로서 당신에게
편지를 전합니다.
저는 비록 교사이지만 아무리 노력해도 저를 향한 아이들의
존경심은 아이들이 당신을 좋아하는 마음에는 미치지 못합니다.
그만큼 아이들은 당신을 사랑하고 있습니다. 그런데 아이들이 지금
영웅이 포기하는 모습을 보게 됐습니다.
당신을 지치게 만든 일부 아르헨티나인들의 어두운 면을 저도 잘
압니다. 그러나 대표팀 은퇴는 당신을 욕하고 깎아내리는 이들에게
굴복하는 것이나 다름없습니다.
그들처럼 승리에만 가치를 두고 패배를 통해 성장하는 것을
무시하는 어리석음에 넘어가지 않았으면 합니다.
아이들에게 이기는 것만이 우선이고, 유일한 가치라는 선례를
남겨선 안 됩니다. 아르헨티나의 어린아이들이 인생의 목적은 다른
누군가를 행복하게 해야만 한다는 생각을 하게 해서는 안 됩니다.
당신이 어린 시절부터 어떤 어려움을 이겨내며

오늘의 메시가 되었는지 잘 압니다. 성장 호르몬 결핍이라는 희귀병을 앓은 당신이 어린 나이에 고통스러운 주사를 얼마나 맞으며 자랐는지 우리 모두가 알고 있습니다.
지금 당신이 은퇴하면 이 나라 아이들은 당신에게 배웠던 노력의 가치를 더 이상 배우지 못할 것입니다. 지금 당신처럼 졌다는 이유만으로 포기한다면 오늘도 하루하루를 어렵게 살아가는 이 나라의 많은 사람들은 인생의 가치를 잃어버릴 수 있습니다.
저는 학생들에게 당신을 얘기할 때 당신이 얼마나 멋지게 축구를 하는지 얘기하지 않습니다.
프리킥으로 단 한 골을 넣기 위해 당신이 같은 장면을 수천 번이나 연습한다는 사실을 알려줍니다.
당신은 아르헨티나 대표팀 유니폼을 벗어선 안 됩니다.
모든 팬들이 당신에게 승리와 우승만을, 트로피와 메달만 바라는 게 아니라는 사실을 알아야 합니다. 제발 우리 아이들에게 2위는 패배라고, 경기에서 지는 것이 영광을 잃게 되는 일이라는 선례를 남기지 말아 주세요.
진정한 영웅은 패했을 때 포기하지 않는다고 생각 합니다.
진정한 영웅이라면 이길 때는 같이 이기고, 질 때도 혼자가 아니라는 진리를 알려줘야 합니다.

당신이 우리나라를 대표할 때 만큼은 리오넬 메시가 아닌
아르헨티나 그 자체라는 마음으로 대표팀에 남아 줬으면 합니다.
결과에 관계없이 사랑하는 일을 해서 행복할 수 있다면 그게 가장
위대한 우승이라는 사실을 보여주세요.

진심을 담아, 비알레 초등학교 교사, 요아나 푹스

이 편지는 메시를 다시 뛰게 만들었고,
그는 결국 2022년, 자신의 마지막 월드컵에서
아르헨티나를 우승으로 이끌었다.

우리는 이 이야기를 통해 다시금 확인한다.
진짜 영웅은 넘어지지 않는 사람이 아니라,
넘어진 자리에서 다시 일어나는 사람이라는 걸.

꺾이지 않는 마음, 그것이 메시를 움직였고,
우리 모두에게 깊은 감동을 남겼다.

대나무에서 배우는
교훈

대나무는 참 이상한 방식으로 자란다.
눈에 띄는 성장은 한참 뒤에야 시작된다.

처음 몇 년 동안은
아무리 물을 주고 햇볕을 쬐어도
겉으론 변화가 거의 없다.
대나무는 그 긴 시간 동안,
땅속에서 줄기와 뿌리를 천천히, 그리고 깊게 뻗어나간다.
5년, 때로는 6년이 지나고 나서야
비로소 지면 위로 순을 밀어 올린다.

그런데 땅 위로 고개를 내민 뒤에는
하루에 60cm씩 자란다.
쑥쑥, 눈에 보일 만큼 빠르게.

우리는 종종 조급해진다.
이렇게 열심히 하는데도

왜 아무 일도 일어나지 않느냐고,
왜 나는 아직도 제자리이냐고.

하지만 대나무처럼,
지금은 뿌리를 내리는 시간일지도 모른다.
겉으론 조용하지만
내 안에서는 무언가 자라고 있는 중일지도.

결국, 준비된 성장에는
그 나름의 시계가 있다.

보이지 않는 시간에도 포기하지 않고,
부단히 노력하다 보면
어느 날,
생각보다 훨씬 빠르고 놀랍게
내 안의 무언가가 자라나 있을 것이다.

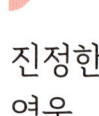

진정한
영웅

아시안게임에서 금메달을 목에 걸었던 안세영은
무릎 힘줄 파열이라는 큰 부상에도 굴하지 않고
끝없는 재활과 연습을 거쳐,
다시 말레이시아오픈에서 우승을 차지했다.
그간의 고통과 인내에 대한 조용한 보상이었다.

그녀는 아시안게임 결승전에서 다친 무릎을 안고 귀국했다.
그리고 곧장 재활에 돌입했다.
그 사이, 몇몇 대회에도 출전했지만
제 기량을 다 보여주지 못하는 날들이 이어졌다.
몸은 예전 같지 않았고, 마음도 무거웠을 것이다.

하지만 그녀는 흔들리지 않았다.
귀국 직후, 수많은 광고 요청과 방송 출연 제안이 쏟아졌지만
안세영은 그 모든 기회를 정중히 사양했다.
"메달 하나로 특별한 연예인이 되지 않겠다."
그녀는 그렇게 말했다.

돈보다, 인기보다 자신이 왜 운동을 시작했는지를 더 중요하게
여겼고, 다시 코트로 돌아갈 날만을 조용히 준비했다.

그리고 3개월 뒤, 그녀는 다시 우승했다.
정상에 올랐다. 기적 같았지만, 그건 오랜 절제와 훈련의 결과였다.

많은 이들이 정상에 오르면 흔들린다.
스스로를 잃기도 하고, 유혹에 기울기도 한다.
하지만 안세영은 달랐다.
운동선수로서의 본분을 잊지 않았고,
자신을 지켜냈다.
그래서 우리는 그녀를 이 시대의 진정한 영웅이라 부를 수 있다.

성공 이후에도 절제하고, 스포트라이트 대신
다음 목표를 향해 걸어가는 사람.
가치 있는 삶은 그 자체로 빛나지 않아도,
꾸준히 단단해진다는 걸 그녀가 우리에게 보여주었다.

나는 배웠다
_ 오마르 워싱턴의 시 「I've Learned」를 읽고

살다 보면 어떤 문장은 마음속에 오랫동안 남는다.
이 시도 내게 그런 문장들로 가득하다.
처음 읽었을 때는 한 줄 한 줄이 마음을 건드렸고,
다시 읽을수록 그 울림은 더 깊어졌다.

삶의 방향을 잃을 때마다,
사람과의 관계에서 상처를 입을 때마다
이 시의 문장들을 떠올려본다.
조용한 위로이자 단단한 다짐처럼 다가온다.

다음은 미국의 작가 오마르 워싱턴(Omer Washington)이 쓴 시
「I've Learned」의 한국어 번역이다.
삶에 대한 깊은 통찰이 담긴 이 시를 함께 나누고 싶다.

나는 배웠다.
다른 사람이 나를 사랑하게 만들 수는 없다는 것을.
내가 할 수 있는 일은 사랑받을 만한 사람이 되는 것뿐임을.
사랑을 받는 일은 그 사람의 선택에 달렸으므로.

나는 배웠다.
아무리 마음 깊이 배려해도
어떤 사람은 꿈쩍도 하지 않는다는 것을.
신뢰를 쌓는 데는 여러 해가 걸려도
무너지는 것은 한순간이라는 것을.

인생에선 무엇을 손에 쥐고 있는가보다
누구와 함께 있느냐가 더 중요하다는 것을 나는 배웠다.
우리의 매력은 15분을 넘지 못하고
그 다음은 서로 배워가는 것이 더 중요하다는 것을.

나는 배웠다.
다른 사람의 최대치에 나를 비교하기보다
나 자신의 최대치에 나를 비교해야 한다는 것을.

또 무슨 일이 일어나는가보다
그 일에 어떻게 대처하는가가 중요하다는 것을.

무엇을 아무리 얇게 베어내도 거기엔 늘 양면이 있다는 것을.
어느 순간이 우리의 마지막이 될지 모르기 때문에
사랑하는 사람에겐 언제나 사랑의 말을 남겨놓고 떠나야 함을.
더 못 가겠다고 포기한 뒤에도 훨씬 멀리 갈 수 있다는 것을.

결과에 연연하지 않고 마땅히 해야 할 일을 하는 사람이
진정한 영웅이라는 것을 나는 배웠다.
깊이 사랑하면서도 그것을 드러낼 줄 모르는 이가 있다는 것을.
내게도 분노할 권리는 있으나 남을 잔인하게
대접할 권리는 없다는 것을.
멀리 떨어져 있어도 우정이 계속되듯 사랑 또한 그렇다는 것을.

가끔은 절친한 친구도 나를 아프게 한다는 것을.
그래도 그들을 용서해야 한다는 것을 나는 배웠다.
남에게 용서를 받는 것만으로는 충분치 않고
자신을 용서하는 법을 배워야 한다는 것을.

아무리 내 마음이 아프다 해도 이 세상은
내 슬픔 때문에 운행을 중단하지 않는다는 것을.

두 사람이 다툰다고 서로 사랑하지 않는게 아니며
다투지 않는다고 해서 사랑하는게 아니라는 것도.

또 나는 배웠다.
때론 남보다 내가 먼저 움직여야 한다는 것을.
두 사람이 한 사물을 보더라도 관점은 다르다는 것을.
결과에 상관없이 자신에게 정직한 사람이 결국 앞선다는 것을.
친구가 도와달라고 소리칠 때 없던 힘이 솟는 것처럼
자신의 삶이 순식간에 바뀔 수도 있다는 것을.

글 쓰는 일이 대화하는 것처럼 아픔을 덜어준다는 것을.
가장 아끼는 사람이 너무 빨리 떠나버릴 수도 있다는 것을.
나는 배웠다. 남의 마음을 아프게 하지 않는 것과
내 주장을 분명히 하는 것을 구분하기가 얼마나 어려운가를.

그리고 나는 배웠다.
사랑하는 것과 사랑받는 것의 진정한 의미를.

이 시는 삶의 여러 단면에 대해
우리가 직접 부딪히며 깨달아가는 순간들을 담담하게 그려낸다.
거창한 철학 대신,
매일 부딪히는 감정과 관계, 태도에 대해 솔직하게 말한다.

읽고 또 읽을수록,
나도 그렇게 조금씩 배우며 살아가고 있구나 싶다.
그리고 다시 마음속으로 다짐하게 된다.
오늘도, 나답게 살기 위해 배우는 중이라고.

인생에선 무엇을 손에 쥐고 있는가보다
누구와 함께 있느냐가 더 중요하다는 것을 나는 배웠다.

정직과
겸손

어떤 사람이 좋은 사람일까?
심리학자들은 이렇게 말한다.
"정직하면서도 겸손한 사람."

하지만 이 두 가지를 함께 지닌다는 건
생각보다 훨씬 어렵다.

정직하다는 건 솔직하다는 뜻이고,
겸손하다는 건 스스로를 드러내지 않는다는 뜻이다.
그런데 너무 정직하면 때로는 상대를 거칠게 마주하게 되고,
너무 겸손하면 오히려 가식처럼 보일 수도 있다.

정직과 겸손,
이 두 성품은 모두 중요하고 아름답지만
그만큼 균형을 유지하기가 쉽지 않다.

우리는 살아가면서

이 균형을 어떻게 유지할지
끊임없이 배우고 실험하며 살아간다.

어떤 날은
내 생각과 감정을 더 솔직하게 드러내야 할 순간이 오고,
또 어떤 날은
다른 사람의 말에 한 발 물러서며
조용히 귀 기울여야 할 때도 있다.

나는 지금 그 사이 어디쯤에 있을까?
정직에 더 가까운가, 겸손에 더 가까운가?
그리고 나는 앞으로 어떤 방향으로 나아가고 싶은가?

그 질문에 대한 답은
누구도 대신해줄 수 없다.
결국, 그것은 내가 어떤 사람이 되고 싶은지에 대한
아주 개인적인 이야기니까.

괴테의
명언

"자신을 신뢰하는 순간, 어떻게 살아야 할지 알게 된다."

"고난이 있을 때마다,
그것이 참된 사람이 되어가는 과정임을 기억해야 한다."

"아는 것으로는 부족하다. 적용해야 한다.
의도로만 충분치 않다. 실천해야 한다."

괴테가 남긴 짧지만 깊은 울림이 있는 명언들이다.
그가 평생을 살아내며
직접 깨닫고 통과한 시간들이 응축되어 있다.

첫 번째 문장은,
삶의 방향을 고민할 때마다 떠오른다.
자신에 대한 믿음이 흔들릴 때,
우리는 어디로 가야 할지조차 알 수 없어진다.
그러니 결국, 삶의 출발점은

'나 자신을 믿는 마음'에서 시작된다.

두 번째 문장은,
힘든 시기를 지나는 우리 모두에게 위로가 된다.
고난은 피해야 할 불행이 아니라,
조금 더 깊은 사람으로 나아가는 통로일지도 모른다.

그리고 마지막 문장은,
지식과 태도의 간극을 날카롭게 지적한다.
머리로 아는 것보다 중요한 건
그걸 실제로 살아내는 용기다.

오늘, 이 세 문장을 다시 천천히 읽어본다.
그리고 내 삶에서 실제로 얼마나 실천하고 있는지
조용히 돌아본다.
말보다, 마음보다, 결국은 행동이 나를 만들어 간다는 것을
다시 한 번 되새긴다.

바꿀 수 없는 것과
바꿀 수 있는 것

처음 라인홀드 니버의 기도문을 읽었을 때,
마치 뒤통수를 맞은 듯한 충격을 받았다.

"바꿀 수 없는 것은 받아들이는 평온을,
바꿀 수 있는 것은 바꾸는 용기를,
그리고 그 차이를 구별하는 지혜를 주옵소서."

이 한 문장은
내가 오랫동안 붙들고 있던 질문에
짧고 단단한 해답을 건넸다.

우리는 종종
바꿀 수 없는 것에 집착하다가
스스로를 소진시키고 만다.

"그때 이렇게 했더라면."
"그 사람이 그렇게 말하지 않았더라면."

그런 생각들이 자꾸만 과거에 나를 붙잡아두고,
지금 이 순간을 흐리게 만든다.

이미 지나간 일은
더 이상 바꿀 수 없다.
그러니 그걸 평온히 받아들이는 것이
우리를 지키는 지혜다.

대신, 그 경험을 교훈 삼아
앞으로 나아가는 힘으로 바꾸는 것
그것이 우리가 할 수 있는 일이다.

반대로,
정작 바꿀 수 있는 것을 방치하는 것도 문제다.
해야 할 일을 미루거나
변화를 두려워하며 머무르는 태도는
삶의 진짜 가능성을 가로막는다.

공부든, 운동이든, 사람과의 관계든,
내가 노력하면 분명
달라질 수 있는 일들이 있다.

결국 중요한 건,
무엇이 바꿀 수 있는 것이고,
무엇이 바꿀 수 없는 것인지 구분하는 것.
그 구분이 서야 에너지 낭비 없이
자신에게 꼭 필요한 곳에 집중할 수 있다.

바꿀 수 없는 것은 그대로 받아들이고,
바꿀 수 있는 것은 용기를 내어 변화시켜보자.
그리고 그 둘의 차이를
조용히 구별할 수 있는 지혜를 키워가자.

행복한 삶은
바로 그 지점에서 시작된다.

바꿀 수 없는 것은 그대로 받아들이고,
바꿀 수 있는 것은 용기를 내어 변화시켜보자.
그리고 그 둘의 차이를
조용히 구별할 수 있는 지혜를 키워가자.

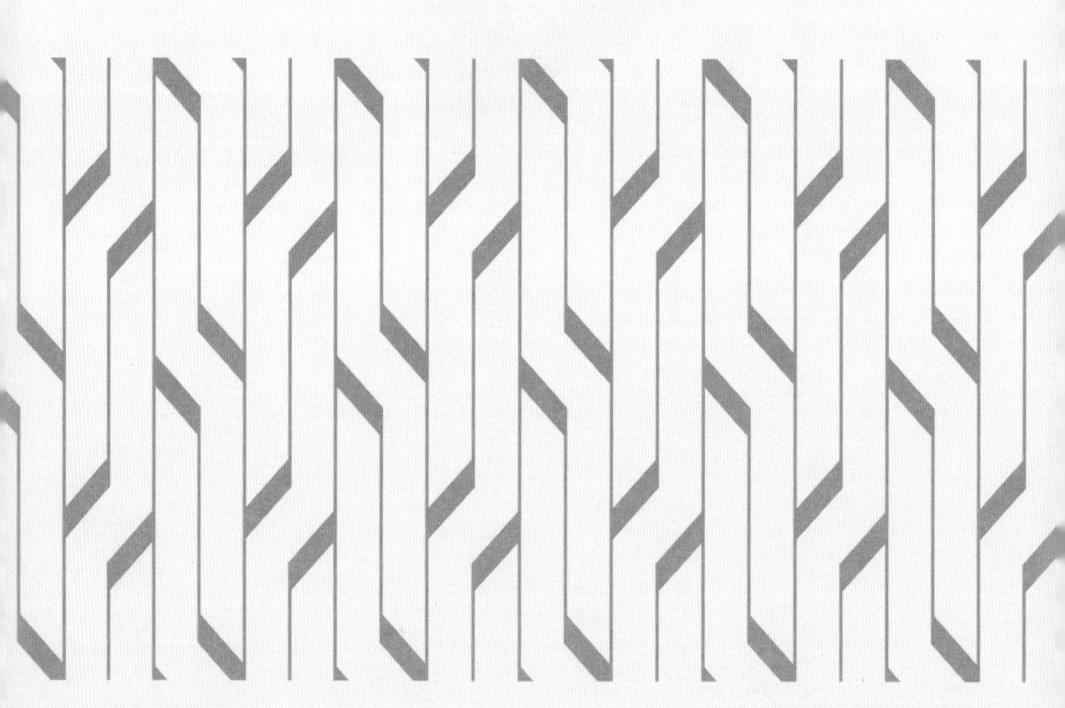

02

말보다 마음이
닿는 순간을 위하여

- 경청의 마법
- 조언보다 공감
- 닫힌 마음을 여는 시간
- 부모의 역할
- 소통의 기술은 내게서 시작된다
- '척'하는 함정
- 기쁨과 슬픔, 나누면 좋을까?
- 세상 참 좁다!
- 습관화의 덫
- 3무 사회
- 풀꽃을 바라보는 태도
- 성격 좋은 사람도 가스라이팅
- 당신은 꼰대인가?
- 눈으로 하는 작별
- 헤어짐에 대하여
- 당신은 나에게, 나도 이제는 당신에게
- 온전히 연결되는 순간

경청의
마법

"말보다 듣는 것이 더 중요하다."
이 말을 들어본 적 있는가?

경청은 소통을 꽃피우고
관계를 깊어지게 만드는 비결이다.

GE의 리더십 교육에서도
LEADER라는 단어의 첫 글자인 L을 Listen으로 해석하며,
리더십의 출발점은 '귀 기울이는 것'임을 강조한다.
진정한 리더는 말하기에 앞서
먼저 듣는 사람이어야 한다는 의미다.

경청은 일상 곳곳에서 강력한 힘을 발휘한다.
직장에서는 협업과 문제 해결의 촉매제가 되고,
연인 간의 대화에서는 서로의 마음을 연결하는 다리가 되며,
자녀와의 소통에서는 아이의 감정을 이해하고
성장을 지지하는 든든한 버팀목이 된다.

하지만 경청은 생각보다 쉽지 않다.
우리는 늘 자신의 생각과 의견을 먼저 꺼내고 싶어 하기 때문이다.
게다가 누군가 다른 의견을 말하면,
무의식중에 반박하거나 듣기를 멈추는 일도 잦다.

경청은 단순히 조용히 듣는 것이 아니다.
상대의 눈을 바라보며,
적절한 질문을 던지고,
진심으로 공감하는 태도다.
마치 탐험가가 낯선 세계를 하나하나 발견해 나가듯,
상대의 말 속에서 새로운 의미를 찾아가는 과정이다.

친구가 힘든 이야기를 털어놓을 때,
성급히 조언하려 하지 말고
조용히 마음을 들어주자.
그 순간, 우리는 말보다 더 큰 위로를 전할 수 있다.
마치 따뜻한 담요처럼,

그의 마음을 감싸주는 힘이 생긴다.

직장에서 의견이 충돌할 때도 마찬가지다.
내 주장을 고집하기보다
상대의 입장을 진심으로 들여다보자.
마치 퍼즐 조각처럼 서로의 관점을 맞춰가다 보면
더 나은 해답이 보일 수 있다.

자녀와 대화할 때는
말을 끊지 말고 끝까지 들어주자.
아이의 눈높이에 맞춰 앉아
세상 이야기를 함께 나누는 그 시간이
아이에게는 '존중받고 있다'는 확신이 될 것이다.

경청은 마법 같은 힘을 가지고 있다.
진심으로 귀 기울일 때,
우리는 소통의 꽃을 피우고

관계를 더욱 깊고 단단하게 만들 수 있다.

오늘, 누군가의 이야기에
진심으로 귀를 기울여보자.
작지만 깊은 변화가 시작될 것이다.

조언보다 공감

"더 빨리 흐르라고 강물의 등을 떠밀지 말아라.
강물은 나름대로 최선을 다하고 있는 것이다."
_장 루슬로, 《세월의 강물》

이 구절은 우리에게
작지만 깊은 메시지를 전한다.

우리는 누군가를 걱정할 때,
종종 조언이라는 이름으로
상대의 삶에 개입하려 한다.
"이렇게 해봐."
"내 말대로 하면 돼."
그 말들은 진심에서 나왔지만,
때로는 조심스럽지 못한 손길이 되어 상처로 남기도 한다.

사람마다 살아가는 속도는 다르고,
버티고 있는 자리의 깊이도 제각각이다.

힘든 상황에 있는 사람일수록 조언보다 필요한 건
그저 조용히 곁을 지켜주는 일이다.

요청하지 않은 조언은 의도가 좋더라도
간섭으로 받아들여질 수 있다.
진정한 도움은 상대가 '필요로 하는 방식'으로 주어질 때,
비로소 마음에 닿는다.

그럴 때 공감은 말보다 더 큰 위로가 된다.
"그럴 수 있겠다."
"많이 힘들었겠다."
그 한마디가 누군가에게는 긴 어둠 속의 작은 등불이 되기도 한다.

세월의 강물은 누구의 재촉 없이도 자기만의 속도로 흘러간다.
우리도 서로를 향해 등 떠밀기보다는
나란히 흘러가는 나룻배처럼,
조용히 곁을 내주는 사람이 되면 좋겠다.

닫힌 마음을
여는 시간

넷플릭스 다큐멘터리 「소년의 시간」은
보호관찰 중인 한 소년의 삶을 따라가며
청소년들이 사회와 어떻게 단절되어 가는지를 보여준다.
겉으로는 문제아처럼 보이지만
그들의 일상을 찬찬히 들여다보면
오히려 어른들이 아이들의 말을 듣지 않았다는 사실이 드러난다.

가정, 학교, 제도 안에서 반복되는 충돌 속에서
아이들은 점점 말이 없어지고, 점점 멀어진다.
정말로 침묵한 걸까,
아니면 어른들이 그 말을 알아듣지 못했던 것일까?

기억에 남는 장면이 있다.
경찰이 사건의 단서를 찾기 위해
청소년의 SNS를 살펴보는 장면이다.
거기엔 하트 이모지, 짧은 댓글,
겉보기엔 아무 의미 없어 보이는 말투들이 가득하다.

경찰은 그것을 단순한 호감의 표현으로 오해하고,
그 모습을 지켜보던 그의 아들은 말한다.
"하트? 그거 조롱이에요. 다 무시하고 웃는 거예요."

이 장면은 중요한 사실 하나를 분명히 보여준다.
아이들은 이미 말하고 있었다.
문제는, 그 언어를 이해하지 못한 쪽이 어른들이라는 것이다.

아이들에게 하트 하나, 웃는 이모지 하나는
그저 장식이 아니다.
그건 감정이자 관계이며, 때로는 폭력의 신호이기도 하다.
그런데 어른들은 이를
의미 없는 기호쯤으로 여기며 "제대로 말하라"고 한다.
아이들 입장에서는
오히려 어른들의 언어가 더 둔탁하고, 거칠고, 낯설게 느껴진다.
그래서 말 대신 침묵하고, 눈을 피하고, 등을 돌린다.
말은 있지만, 소통은 없는 상태.

이것이 바로 세대 간 단절의 진짜 얼굴이다.

이 단절은 단순한 말투나 표현 방식의 문제가 아니다.
그건 세상을 해석하고 감정을 표현하는
'방식 자체의 차이'에서 비롯된다.
아이들은 이모지와 짧은 메시지로 서로의 감정을 주고받고,
그 안에 갈등과 위기의 신호까지 담는다.
그러나 어른들은 그 언어를 읽지 못한 채
상처의 조짐, 도움의 요청마저 놓친다.

우리는 늘 아이들을 가르치고 보호하려 했지만
그 모든 시도는
아이들의 언어를 모른 채 이루어진 일방적인 접근이었다.
서로 다른 언어를 쓰면서
진심으로 연결되긴 어렵다.

「소년의 시간」은 조용히 묻는다.

"당신은 아이들의 세계에 들어갈 준비가 되어 있는가?"

세대 간의 소통은 단지 말을 주고받는 일이 아니다.
그것은 상대의 언어를 배우고,
그 방식을 존중하려는 데서 시작된다.

아이들은 틀린 언어를 쓰고 있는 것이 아니다.
단지 다른 언어를 쓰고 있을 뿐이다.
그 다름을 이해하려는 노력이 없다면,
우리는 끝없이 엇갈릴 수밖에 없다.

닫힌 마음을 여는 시간은,
말이 아니라 경청에서 시작된다.

부모의
역할

"당신이 배운 것들로 아이를 제한하지 말라.
아이는 당신과 다른 시대에 태어났으므로."
_ 라빈드라나트 타고르

이 말은 부모라는 자리를 돌아보게 한다.
아이를 위해서라고 믿었던
많은 말들과 선택들이
사실은 내 욕심이나 고정관념에
가까웠던 것은 아닐까.

우리는 종종
자녀가 나와 다른 방식으로 생각하고 행동할 때
그 가능성을 불안해하고,
때로는 통제하려 든다.
그러나 아이들은
우리와는 전혀 다른 시대에 태어나
그 시대만의 감각과 시선을 가지고 자란다.

그들의 언어,
그들의 감정,
그들의 꿈은
우리의 그것과 다를 수 있다.

부모의 역할은
그 다름을 인정하고 지지하는 일이다.
자신의 경험이나 지식을 정답처럼 내세우기보다
아이의 열망을 듣고,
그 길을 응원해주는 자세.
그것이 아이에게는 진짜 힘이 된다.

부모와 자녀 사이의 소통은
가르치고 배우는 일방향이 아니라
서로를 이해하고 존중하는 공동의 과정이다.
그 속에서 가족은 조금씩 단단해지고,
자녀는 자신만의 길을 발견해 간다.

아이들이 자유롭게 꿈을 펼칠 수 있는 환경은
결국 사회 전체의 창의성과 다양성으로 이어진다.
그리고 그 흐름 속에서
우리는 더 나은 미래를
함께 만들어갈 수 있을 것이다.

그들의 언어,
그들의 감정,
그들의 꿈은
우리의 그것과 다를 수 있다.

소통의 기술은
내게서 시작된다

나를 바꾸려 하네.
너는 바뀌려 않고.

시인 하상욱의 책 《튜브, 힘낼지 말지는 내가 결정해》에 나오는
이 짧은 문장은
소통에 대해 우리가 자주 잊는 한 가지를 떠올리게 한다.
우리는 흔히 상대의 변화를 먼저 요구하지만,
정작 자신은 변하려 하지 않는다.

부모는 자녀에게 바른 행동을 기대한다.
하지만 정작 그 기대를 실현시키기 위해
자신이 어떤 부모로 살아가고 있는지는 돌아보지 않을 때가 많다.
아이에게 좋은 영향을 주고 싶다면
무엇보다 먼저 부모 자신이 그 영향을 품고 있어야 한다.

부부 사이에서도 마찬가지다.
좋은 배우자를 바란다면,

우선 나는 어떤 태도로 그 관계에 임하고 있는지를 묻는 것이 먼저다.
변화를 요구하기 전에
내가 그 변화를 얼마나 실천하고 있는가를 돌아봐야 한다.

소통은 기술이자 태도이고,
그 시작은 늘 '나'다.

상대를 설득하려 하기보다
내가 먼저 바뀌는 일.
그것이야말로
우리가 바라는 소통과 관계의 변화가 시작되는 진짜 자리다.

'척'하는
함정

많은 사람들이
완벽해 보이고 싶은 욕구로 인해
어느새 '척'하는 함정에 빠진다.
모르면서 아는 척,
불안하면서 여유로운 척,
자신을 최고로 보이려 애쓰다 보면
점점 진짜 자신과 멀어지게 된다.

이런 태도는
겉으로는 당당해 보일지 몰라도
내면의 자존감을 해치고, 불안감을 키우며,
결국은 진정한 관계까지도 방해한다.

싱어송라이터 조동희는 이렇게 말했다.
"솔직한 내 모습을 보여주는 것은 어렵고 아플 거예요.
미운 나, 싫은 나도 마주하게 될 테니까요.
그렇지만 그것은 나를 사랑하는 방법을 찾는 시작점이 됩니다."

진심을 드러낸다는 건 쉽지 않다.
그러나 진정한 관계는
바로 그 불편한 진심 위에 만들어진다.
있는 그대로의 나를 받아들이고,
상대도 그렇게 받아들일 수 있을 때
우리는 비로소 편안하고 단단한 연결을 만든다.

'척'하지 않아도 괜찮다.
조금 모자라고, 조금 흔들려도 괜찮다.
솔직함은 때로 용기이자
나를 사랑하는 첫걸음이다.

기쁨과 슬픔,
나누면 좋을까?

"기쁨은 나누면 배가 되고, 슬픔은 나누면 반이 된다."
어릴 적부터 귀에 익숙한 말이다.
좋은 일은 함께할수록 더 즐겁고,
힘든 일은 나누면 조금은 가벼워진다고 배워왔다.

하지만 현실은 그리 단순하지 않다.
어떤 사람은 진심으로 축하해 주지만,
어떤 사람은 미묘한 표정을 지으며
조금씩 거리를 둔다.
슬픈 이야기를 꺼냈을 때도 마찬가지다.
누군가는 위로를 건네고,
누군가는 그 이야기를 나중에 약점 삼아 되새긴다.

그래서 점점 말이 조심스러워진다.
"이 얘기를 해도 될까?"
"괜히 불편하게 만들진 않을까?"
그렇게 망설이다 보면

결국은 혼자 감당하는 일이 늘어난다.

"나는 관계 속에서 사람들을 어떻게 바라보고 있을까?"
"그리고 그들에게 나는 어떤 존재일까?"

'기쁨을 나누면 질투가 되고, 슬픔을 나누면 약점이 된다'는 말이
언젠가부터 완전히 틀리게만 들리지 않는다.

살리에르 증후군이라는 말도 있다.
타인의 성공 앞에서
괜히 불편해지고, 나도 모르게 비교하며 질투하게 되는 심리.
사회생활을 하다 보면 이런 감정에서
온전히 자유롭기란 생각보다 어렵다.

좋은 소식을 전했을 때
겉으로는 축하하지만 속으로는 불편해하는 사람,
슬픈 이야기를 듣고

"괜찮아?"라며 겉으로는 공감하면서도
'약해 보이네'라고 생각하는 사람도 있다.
그런 경험이 반복되면
감정은 점점 입 밖으로 나오지 않는다.

그렇다고 해서
모든 감정을 혼자 안고 살아야 할까?
꼭 그렇진 않다.
중요한 건 '누구와 나누느냐'이다.

기쁨을 진심으로 함께 기뻐해 주는 사람,
슬픔을 가볍게 여기지 않고 귀 기울여주는 사람이 있다면
그 관계는 지켜야 한다.

그리고 나 역시
누군가의 기쁨을 비교하지 않고,
누군가의 슬픔을 평가하지 않는 사람이 되고 싶다.

결국 기쁨이 배가 될지,
질투로 변할지,
슬픔이 반이 될지,
아니면 상처로 남을지는
'관계'에 달려 있다.

나는 어떤 관계를 만들고 싶은가.
그리고 그 안에서
나는 어떤 사람이 되고 싶은가.

좋은 관계를 찾아가고
천천히 만들어 가는 것.
어쩌면 그것이
삶이라는 긴 여정에서 우리가 품어야 할
가장 소중한 질문일지도 모른다.

세상
참 좁다!

우연히 등산모임에 참여하게 되었다.
비록 등산에는 문외한이지만,
연구 학기를 맞아 이것저것 새로운 시도를 해보는 중이었다.

처음 온 사람들을 소개하는 시간이 있었는데,
어디선가 익숙한 이름이 들렸다.
고개를 돌려보니,
정말이다. 대학 동기였다.
무려 10년 넘게 보지 못했던 친구를
이런 자리에서 다시 만날 줄이야.

산을 오르며 옆에 계신 분과 이야기를 나누게 되었는데,
따님 얘기를 하시다가
지도교수 이름이 '이유재'라고 하신다.
혹시 따님 이름이 ○○○이냐고 여쭈었더니, 맞단다.
그분은 내 제자의 부모님이었다.
이런 우연이 또 있을까 싶었다.

산행을 마치고,
등산회 회장님과 명함을 주고받는 자리에서
그분이 우리 대학 최고경영자 과정을 수료하셨다는 걸 알게 됐다.
어쩐지 처음부터 얼굴이 낯설지 않더라니.

총 40여 명이 참석한 자리에서
세 명이나 이렇게 뜻밖의 인연으로 연결된 것이다.
우연일까, 필연일까.
그냥 지나칠 수도 있었던 만남들이
묘하게 얽혀 있었다.

세상 참 좁다.
정말, 더더욱 착하게 살아야겠다.

습관화의
덫

우리 삶에서 가장 큰 축복은 '관계'다.
가족과의 관계, 고객과의 관계는
삶을 풍요롭게 만들고 매일을 의미 있게 채워준다.

하지만 아무리 소중한 관계라 해도
'습관화'의 덫에서 완전히 자유롭긴 어렵다.
처음에는 특별하고 설레던 만남도
시간이 지나면 익숙해지고,
그 익숙함이 어느 순간 당연함으로 변한다.
우리는 바로 그 지점에서,
소중했던 것을 잃어버리곤 한다.

가족 관계를 떠올려보자.
배우자를 처음 만났을 때의 설렘,
자녀가 태어났을 때의 기쁨은
모두 선물처럼 다가왔던 순간이다.
하지만 아침마다 마주하는 익숙한 얼굴은

어느덧 일상의 배경으로 스며들고,
그 소중함을 점점 덜 표현하게 된다.
우리는 때때로, 사랑을 너무도 쉽게
'당연한 것'으로 여긴다.

"인연은 우연이지만 관계는 노력이다."
이 짧은 문장은,
우리의 일상적인 태도를 다시 돌아보게 한다.

익숙한 관계일수록
새로운 관심을 기울이고,
작은 감사의 말이나 특별한 시간을 통해
그 소중함을 다시 확인할 필요가 있다.

배우자에게는 고마움을,
자녀에게는 온전한 시간을,
그들과의 연결은 그렇게 다시 살아난다.

고객과의 관계도 마찬가지다.
단골이 처음 우리 가게를 찾았을 때,
우리는 그들의 이름을 기억하고,
취향을 파악하려 애썼다.
작은 관심은 큰 신뢰로 돌아왔고,
관계는 그렇게 시작되었다.

하지만 시간이 흐르고 익숙해지면
그 방문이 당연하게 여겨지고,
관심은 점점 형식으로 변해간다.
고객은 그 미묘한 변화를 느낀다.
더 이상 특별한 존재가 아니라는 그 낌새는
관계의 온도를 서서히 낮춘다.

습관화는 우리를 게으르게 만든다.
하지만 그 흐름을 자각하고 깨어나려는 태도,
즉 '탈습관화'는 관계를 되살리는 열쇠다.

익숙한 사람에게서 새로운 아름다움을 발견하려는 마음.
그 마음은 관계를 더 깊고 따뜻하게 만든다.

단골에게는
그들의 변함없는 선택이 얼마나 고마운지
다시 한 번 전해보자.
가족에게는
그들이 여전히 특별한 존재임을
조금 더 자주 표현해보자.

관계의 온도는
의식적이고 지속적인 관심으로 유지된다.
사랑이 스며들지 않는 관계는 없다.

중요한 건,
그 사랑을 새롭게 바라보고
다시 시작하려는 의지다.

매일 걷는 같은 길이라도
그 길 위의 나무와 하늘을
새로운 눈으로 바라보는 마음.
그 마음이
가족과 고객, 그리고 우리의 삶에
다시 따뜻한 빛을 더할 것이다.

관계는 우연으로 시작되지만
노력으로 지속되고,
진심으로 빛나게 된다.

관계는 우연으로 시작되지만
노력으로 지속되고,
진심으로 빛나게 된다.

3무 사회

마크로밀 엠브레인의 《2024 트렌드모니터》에서
오늘날 한국 사회를 '3무 사회'라고 지칭한 것이 인상 깊었다.
이 '3무'란 곁에 있어야 할 세 가지 존재가 사라진 상태를 뜻한다.

내 행동을 말려줄 친구가 없고,
일의 의미를 함께 나눌 직장동료가 없고,
말이 아니라 행동으로 보여줄 어른이 없다.

이런 결핍은 단순한 개인의 외로움이 아니라
사회 전체의 연결 구조가 무너져가고 있다는 신호일지 모른다.
그리고 이 흐름을 바꾸기 위해
우리에게 필요한 건 '연결'이다.
소통하고, 협력하고, 서로에게 거울이 되어주는 관계.

무엇보다 먼저 스스로에게 물어야 한다.
친구가 상식에 어긋나는 행동을 할 때,
나는 그를 조용히 붙잡아 줄 수 있는가?

동료들과 일하면서,
나는 그들에게 일이 단순한 노동이 아니라
함께하는 의미가 있음을 느끼게 하고 있는가?

학생들 앞에 설 때, 나는 말이 아니라
나의 태도와 행동으로 가르치고 있는가?

3무 사회는 단절된 사회다.
하지만 그 단절을 회복시키는 시작은
결국 우리 한 사람 한 사람의 태도에서 비롯된다.

세 가지가 없다고 말하기 전에
나는 그 세 가지 중 어떤 존재가 될 수 있을까.
누군가에게 친구가 되고,
동료가 되고,
어른이 될 수 있다면,
세상은 다시 연결되기 시작할 것이다.

풀꽃을 바라보는
태도

자세히 보아야 예쁘다.
오래 보아야 사랑스럽다.
너도 그렇다.

나태주 시인의 시 「풀꽃 1」은
광화문 글판에 소개되며 많은 이들의 사랑을 받았다.
짧은 시 속에 담긴 진심과 따뜻한 시선은
삶의 자세를 다시 돌아보게 만든다.

나태주는 한 초등학교의 교장이었을 때,
아이들에게 이 말을 자주 들려주었다고 한다.
사소하고 연약해 보이는 풀꽃 하나에도
자세히 들여다보면,
그 안에 담긴 고유한 아름다움이 있다.

우리는 일상 속에서
너무 많은 것을 스치듯 지나친다.

익숙하다는 이유로, 작고 조용하다는 이유로
주변의 존재들을 놓치기 쉽다.

하지만 관심을 갖고 조금 더 오래 바라보면
그 사소함이 얼마나 귀한 것인지 알게 된다.
눈에 익은 사람, 늘 곁에 있는 사물,
그 모든 것들이 사실은 기적처럼 가까이 있는 것들이다.

애정을 가지고 바라보는 일,
그것은 삶을 더 따뜻하게 만드는 시작이다.

너도 그렇다.
우리 주변의 모두가 그렇다.
잊지 말고 살아가자.
자세히, 그리고 오래.
그렇게 마음을 기울이는 일에서
사랑은 다시 시작된다.

성격 좋은 사람도
가스라이팅

중앙일보 「권석천의 컷」에 실린
"성격 좋은 사람도 가스라이팅이 아닐까?"라는 칼럼을 읽었다.
저자는 영화 「이니셰린의 밴시」 속
주인공 파우릭의 말을 인용하며 흥미로운 관점을 제시한다.

"난 내가 '성격 좋은 사람'이란 말이 좋은 얘긴 줄 알았는데,
그게 아니었어."

칼럼에는 이런 문장이 나온다.

성격 좋은 가장을 둔 가족은 과연 행복할까?
성격 좋은 사람이 팀장이라면?
옆 부서 일까지 떠맡게 되지 않을까?
스스로를 성격 좋다고 믿는 경우는 더 심각하다.
상황에 질질 끌려 다니다 일을 악화시키기 일쑤다.
'난 언제나 좋은 사람'이라는 자화상도
어쩌면 셀프 가스라이팅인지 모른다.

그리고 이렇게 덧붙인다.

"자신이 좋은 사람이 아닐 수 있음을 긍정하게 될 때
인간에 대한 통찰이 생긴다.
그것을 우리는 성숙,
어른이 되는 과정이라고 부른다."

처음엔 '성격 좋은 사람'이란 말이
그저 칭찬인 줄로만 알았다.
하지만 가만히 들여다보면
그 말 뒤엔 감정의 미루어짐, 책임의 무게,
상대의 기대를 버티는 '착한 사람 증후군' 같은 것이 스며 있다.

무엇이든 괜찮다고 말하면서
실은 내가 괜찮지 않은 순간이 있다.
화를 내면 나쁜 사람 같고,
거절하면 이기적인 사람처럼 느껴지는 순간이 있다.

나는 좋은 사람이 되고 싶다.
하지만 이제는
'성격만 좋은 사람'으로 머무르고 싶지는 않다.
가족이나 주변 사람에게 피해를 주지 않으면서
나 자신도 지키고, 스스로에게도 진실한 사람이 되고 싶다.

'성격도 좋은 사람.'
그 말이 가능해지려면,
좋은 사람이란 무엇인지에 대한 나만의 정의부터
다시 세워야 할지도 모르겠다.

자신이 좋은 사람이 아닐 수 있음을 긍정하게 될 때
인간에 대한 통찰이 생긴다.
그것을 우리는 성숙, 어른이 되는 과정이라고 부른다.

당신은
꼰대인가?

설날 아침, 뜨끈한 떡국 한 그릇으로 새해를 시작했다.
한 살 더 나이를 먹었다는 의미.
피할 수 없는 늙어가는 시간 속에서
우리는 조금씩, 변화하고 또 성장한다.

하지만 나이듦과 함께 따라오는 말이 하나 있다.
'꼰대'라는 단어.

원래는 노인이나 선생을 뜻하는 말이었지만,
요즘은 고리타분하고 권위적인 태도를 보이는 사람을
조금은 비꼬아 부를 때 쓰인다.

다음은 '꼰대의 6하 원칙'이다.
Who : 내가 누군지 알아?
What : 뭘 안다고?
Where : 어딜 감히?
When : 내가 왕년에

How : 어떻게 나한테?
Why : 내가 왜 그걸?

공통점은 분명하다.
모든 말의 중심에 '나'가 있다.
자기 경험과 권위를 기준으로 세상을 재단하는 사고방식.
이런 태도가 반복되다 보니
"나 때는 말이야"라는 말이 신조어처럼 재해석되기도 했다.
'라떼이즈호스(Latte is horse)'라는 말은
나 때=라떼, 는=is, 말=horse를 조합한,
자기 과거만을 중심으로 판단하는 태도를 풍자한 표현이다.

꼰대는 자신의 경험을 기준으로 옳고 그름을 판단하고,
다양성과 변화에 둔감하다. 그리고 이런 성향은
스스로 '좋은 어른'이라고 믿을수록 더 강해진다.
창의리더십센터 보고서에 실린
'당신은 꼰대입니까?' 테스트 항목을 살펴보자.

01. 사람을 만나면 나이부터 확인하고, 나보다 어린 사람에게는 반말을 한다.
02. 대체로 명령문으로 말한다.
03. 요즘 젊은이들이 노력은 안 하고 불평만 한다고 생각한다.
04. "○○란 ○○○인 거야" 식의 진리명제를 자주 말한다.
05. 노약자석에 앉은 젊은이를 보면 '비켜라'라고 말하고 싶다.
06. 후배의 장점을 보면 단점부터 떠오른다.
07. "내가 너만 했을 때…"라는 말을 자주 한다.
08. 나보다 늦게 출근한 후배가 거슬린다.
09. 유명인과의 인연을 자주 이야기한다.
10. 회식 자리에서 고기를 안 굽는 후배가 불쾌하다.
11. 낯선 방식으로 일하는 후배에게 친히 '제대로' 가르쳐주려 든다.
12. 자유롭게 말하라고 해놓고 정답을 먼저 제시한다.
13. 옷차림이나 인사예절을 자주 지적한다.
14. 한때 잘나가던 과거를 알리고 싶은 충동이 든다.
15. 연애사 같은 사생활도 인생 선배로서 조언할 수 있다고 믿는다.
16. 회식이나 야유회를 개인 약속으로 빠지는 건 이해되지 않는다.
17. 내 의견에 반대한 후배는 오래도록 기억에 남는다.
18. 업무를 지나치게 세세하게 지시하거나 확인한다.
19. 나보다 성실한 사람을 찾기 어렵다고 느낀다.
20. 아이들에게도 배울 게 있다는 말은 동의하지만 실제론 별로 배워본 적 없다.

0~3개 : 당신은 성숙한 어른입니다
4~7개 : 꼰대의 맹아가 싹트고 있습니다
8~15개 : 꼰대 경계경보 발령
16~20개 : 자숙 기간이 필요합니다

올해도 어김없이 한 살을 더 먹었다.
하지만 나이보다 더 중요한 건
내가 어떤 어른이 되어가고 있는가이다.

'꼰대'는 나이에서 오는 게 아니라 태도에서 시작된다.
성숙한 어른으로 늙어갈 것인가,
스스로도 불편한 어른으로 굳어갈 것인가.

그 선택은 결국,
내가 지금 어떤 질문을 자신에게 던지고 있는가에 달려 있다.

눈으로 하는
작별

우연히 마주한 한 문장이
툭, 하고 가슴 안으로 들어왔다.

"나는 천천히, 아주 천천히 이해해가고 있다.
부모와 자식의 관계에 대해.
부모와 자식은 이 세상을 살아가는 동안
점차 멀어지는 서로의 뒷모습을
가만히 바라보며 이별하는 사이가 아닐까."

타이완 작가 룽잉타이의 책 《눈으로 하는 작별》에
나오는 구절이다.
부제는 이렇다.
"가족, 일상, 인생, 그리고 떠나보냄"

말보다도, 긴 설명보다도 이 한 문장이 부모와 자식,
가족이라는 관계 안에서 우리가 겪게 되는
조용한 거리감과 감정의 물결을 너무나 간명하게 정리해버린다.

부모와 자식은 서로를 사랑하지만,
같은 방향을 오래 바라보지는 않는다.
각자의 자리에서 점점 멀어지며
마침내는, 말없이 서로의 뒷모습을 지켜보는 사이가 된다.

아이를 키우며 우리는
홀로 설 준비를 아이에게 시키려 한다.
하지만 어쩌면 진짜로 '홀로 서는 법'을 배워야 하는 사람은
아이를 떠나보내야 하는 부모 쪽일지도 모른다.

떠남은 슬프지만, 그 슬픔 안에는 조용한 존중이 있고
말 없는 작별 안에는 깊은 사랑이 있다.
그래서 우리는 눈으로 작별한다.
말하지 않아도 서로를 이해할 수 있기를 바라며.

헤어짐에
대하여

"인생이란 본래 길 위의 삶이다.
남편과 아내로, 아버지와 아들로, 아버지와 딸로,
아무리 깊은 정을 나누고 긴 세월을 함께 했어도,
결국 아침햇살에 사라지는
풀잎 위의 이슬 한 방울에 지나지 않는다.
아무리 그리워하고
마음이 놓아주지 않더라도
한순간에 사라져 버린다."

타이완 작가 룽잉타이의 책 《눈으로 하는 작별》에 나오는 글이다.

그 문장을 처음 읽었을 때
가슴 안쪽이 서늘해졌다.
우리가 그렇게 애쓰며 쌓아온 모든 관계와 시간,
그 깊은 애정조차도
결국은 하나의 이슬방울처럼 사라질 수 있다는 사실 앞에서
어쩐지 마음이 조용해졌다.

생각해보면 우리는 헤어짐에 대해 제대로 배운 적이 없다.
이별은 늘 예고 없이 찾아오고, 떠나보낸 후에야 비로소
헤어짐이 무엇인지 이해하려 애쓴다.

그제야 더 따뜻하게 대하지 못했던 순간들,
더 오래 붙잡지 못했던 말들,
더 자주 안아주지 못한 기억들이
뒤늦게 마음속을 지나간다.

헤어지고 나서야 우리는 그 시간을 돌아보고,
그 시간을 다시 살고 싶어 한다.

그래서일까.
이별이란 단어는
언제나 아프게,
그리고 천천히 이해되는 것 같다.

당신은 나에게,
나도 이제는 당신에게

나태주 시인의 시로 만든 연하장을 받았다.
짧은 문장 속에 담긴 마음이 참 곱고 따뜻했다.
한 해의 시작에, 이런 글귀를 건네는 사람의 마음도
그 시만큼이나 아름답게 느껴졌다.

시의 한 구절이 오래도록 마음에 남았다.

"지구에 와서 만난 당신,
당신이 우선적으로 가장 좋으신 선물입니다.
나도 또한 이제는 당신에게
좋은 선물이었으면 합니다."

올해는 나도
주변 사람들에게 그런 사람이 되고 싶다.
곁에 있다는 이유만으로
따뜻해지는 존재,
기억 속에서 웃음이 되는 사람.

받기만 했던 마음들에
조금씩 내가 먼저 다가가며
작은 선물이 되어보려 한다.

나도 누군가에게
그저 '좋은 사람'으로 남을 수 있기를.

좋은 선물이 되도록 살아야겠다.

온전히
연결되는 순간

영화 「아노라」가 제97회 아카데미 시상식에서
작품상을 비롯해 5개 부문을 수상했다.
감독 숀 베이커는 그보다 앞서 프랑스 칸 영화제에서
황금종려상을 수상하며 이렇게 말했다.

"핸드폰으로 스크롤을 하고 이메일을 체크하면서
반만 집중한 채로 집에서 영화를 보는 것은
영화를 보는 방법이 아니라는 걸 세상이 기억해야 할 것입니다."

그 말을 듣는 순간,
문득 요즘 우리가 사람들과 소통하는 방식이 떠올랐다.

이제는 친구나 가족과 직접 마주하기보다
SNS 메시지나 짧은 문자로 안부를 대신하고,
심지어 함께 있는 자리에서도
휴대폰에 시선을 빼앗긴 채
서로에게 집중하지 못하는 일이 많아졌다.

대화 중에도 알림 소리에 반응하느라
눈을 떼고, 말을 멈추고,
마치 바로 앞의 사람이 투명인간이라도 된 것처럼 행동하게 된다.

진정한 소통이란 무엇일까.
그건 어쩌면
상대에게 나의 시간과 관심을 온전히 기울이는 일일지도 모른다.

깊은 관계는
직접 마주 앉아 표정을 읽고,
눈빛을 나누고,
서로의 침묵까지 함께 견디는 시간 속에서 만들어진다.

영화를 제대로 감상하려면
현실의 빛을 차단한 어둠 속 극장에서 몰입하듯,
사람과의 만남에서도 우리는
하나의 마음으로 집중해야 한다.

화면 대신 눈을 마주 보고,
알림음 대신 진짜 목소리를 듣고,
반응의 속도보다 공감의 깊이로 말하는 것.
그럴 때 우리는 비로소
서로에게 '도달할 수 있는' 존재가 된다.

삶에서 가장 중요한 순간들은
손끝이 아닌,
마음과 마음이 맞닿는 순간으로 이루어져 있다.

디지털의 흐름을 잠시 멈추고
내 온 마음을 건네 보자.
그 순간, 우리는 진짜로 연결된다.

깊은 관계는
직접 마주 앉아 표정을 읽고,
눈빛을 나누고,
서로의 침묵까지 함께 견디는 시간 속에서 만들어진다.

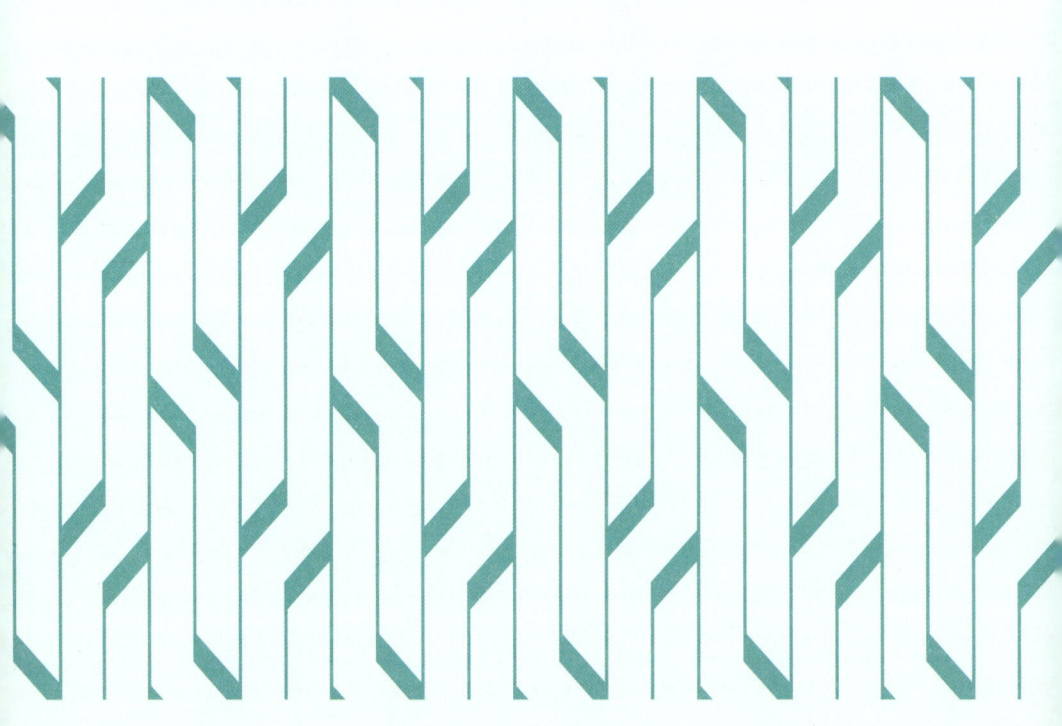

03

청춘은 피부에 있지 않고, 가슴에 있다

- 청춘에 대하여
- 40년 만의 비행
- 조용필의 끝없는 도전
- 나이에 대한 오해를 깨닫다
- 나는 이렇게 나이 들고 싶다
- 나의 마음은 몇 살일까?
- 60년간 붓을 든 호크니
- 서브스턴스 : 욕망의 끝에서 맞이한 파국
- 인생의 황금기는 지금
- 주연으로 사는 법
- 오대산 전나무 숲길에서
- 장수의 늪
- 새로운 한 해를 맞이하며

청춘에
대하여

청춘　_사무엘 울만(1840~1924)

청춘이란 인생의 어떤 한 시기가 아니라
마음가짐을 뜻하나니
장밋빛 볼, 붉은 입술, 부드러운 무릎이 아니라
풍부한 상상력과 왕성한 감수성과 의지력
그리고 인생의 깊은 샘에서 솟아나는 신선함을 뜻하나니

청춘이란 두려움을 물리치는 용기,
안이함을 뿌리치는 모험심,
그 탁월한 정신력을 뜻하나니
때로는 스무 살 청년보다 예순 살 노인이 더 청춘일 수 있네.
누구나 세월만으로 늙어가지 않고
이상을 잃어버릴 때 늙어가나니

세월은 피부의 주름을 늘리지만
열정을 가진 마음을 시들게 하진 못하지.

근심과 두려움, 자신감을 잃는 것이
우리 기백을 죽이고 마음을 시들게 하네.
그대가 젊어 있는 한
예순이건 열여섯이건 가슴 속에는
경이로움을 향한 동경과 아이처럼 왕성한 탐구심과
인생에서 기쁨을 얻고자 하는 열망이 있는 법

그대와 나의 가슴 속에는 이심전심의 안테나가 있어
사람들과 신으로부터 아름다움과 희망,
기쁨, 용기, 힘의 영감을 받는 한
언제까지나 청춘일 수 있네.

영감이 끊기고, 정신이 냉소의 눈에 덮이고
비탄의 얼음에 갇힐 때
그대는 스무 살이라도 늙은이가 되네
그러나 머리를 높이 들고 희망의 물결을 붙잡는 한,
그대는 여든 살이어도 늘 푸른 청춘이네.

Youth is not a time of life; it is a state of mind.
청춘은 나이의 문제가 아니라 마음의 상태다.

이 시는 사무엘 울만이 78세에 쓴 작품이다.
맥아더 장군이 이 시를 몹시 아껴
집무실 벽에 걸어두고 연설 때마다 인용했다고 한다.

나이가 들수록
스스로를 한 발 물러서게 만들고,
자연스레 포기하게 만드는 감정들이 많아진다.
그런 나에게 이 시는 조용한 각성과 새 힘을 전해준다.

청춘은 멀어진 기억이 아니라,
다시 꺼내 쓸 수 있는 태도다.
마음먹기에 따라
우리는 오늘도 젊게 살 수 있다.
나이는, 정말로 숫자에 불과하다.

40년 만의
비행

KBS 설 특집으로
송골매 콘서트가 열렸다.
부제는 '40년 만의 비행'

1980년대 가요계를 휩쓸었던
배철수와 구창모가
오랜만에 다시 무대에 함께 섰다.
둘 다 칠순을 넘긴 나이지만,
그들의 목소리와 리듬은 여전히 관객의 가슴을 울린다.

젊은 시절,
우리의 심장을 두근거리게 했던 그 노래들.
신나는 리듬과 서정적인 가사는
40년의 시간이 흘렀어도 조금도 빛을 잃지 않았다.

노래는 오래됐지만,
감동은 여전히 생생했다.

무대 위의 그들은 나이와 상관없이
청춘 그 자체였다.

영원한 청춘으로 남아줘서 고맙고,
세월이 더해질수록 더 멋진 모습을 보여줘서 고맙다.
무엇보다,
나이는 숫자에 불과하다는 걸
다시 한 번 보여줘서
진심으로 고맙다.

조용필의
끝없는 도전

가왕 조용필이 다시 신곡을 발표했다.
내년 데뷔 55주년을 기념해 발매할
20번째 정규 앨범의 선공개곡,
'찰나'와 '세렝게티처럼'

오랜 시간 수많은 기록을 세우며
한국 대중음악의 역사를 써온 그가
이번에도 믿기지 않을 만큼
트렌디하고 감각적인 음악으로 돌아왔다.

무대 위에서 늘 새로움을 추구하는 그는
벌써 일흔을 넘긴 나이지만
여전히 '진행 중'이라는 말이 어울리는 사람이다.

한 시대를 대표했던 가수가
50년 넘게 변화를 두려워하지 않고,
음악과 진심으로 마주하며

끊임없이 스스로를 갱신해 나간다.

그 도전의 태도,
그 꾸준함이야말로
진짜 '가왕'이란 말에 가장 어울리는 이유다.

시간은 흘러도
진심은 낡지 않는다.

나이에 대한
오해를 깨닫다

《나이가 든다는 착각》
예일대 심리학 교수 레비 베키가 쓴 책이다.
원제는 《Breaking the Age Code》
하지만 오히려 번역서 제목이
책이 전하고자 하는 메시지를 더 선명하게 드러내는 듯하다.
이 책은 우리가 '노화'에 대해 품고 있는 고정관념이
노년기의 삶을 얼마나 크게 바꿔놓는지를 다룬다.

사회는 종종 나이 든 사람들을
무기력하고, 쓸모없고, 심지어는 추하다고 여긴다.
그러나 이러한 부정적인 연령 인식은
삶의 질을 떨어뜨릴 뿐 아니라
삶을 바라보는 시야마저 왜곡시킨다.

레비 베키는 말한다.
긍정적인 연령 의식을 가질 때,
노년의 삶은 훨씬 활기차고 건강해질 수 있다고.

예를 들어, 나이가 들면 기억력이 떨어진다고 믿지만
사실 일부 유형의 기억력은 오히려 더 향상된다.
또한 늦게 운동을 시작해도
충분히 건강에 도움이 된다는 사실도 흥미롭다.

우리는 종종 '정년 65세'를 하나의 마침표처럼 여긴다.
하지만 중요한 건 나이가 아니라
어떤 마음으로 그 시간을 살아가느냐는 것이다.

나이에 대한 편견을 내려놓고
노화를 하나의 과정으로 받아들이는 것.
그것이 바로 나이 듦을 건강하고 풍요롭게 맞이하는 첫걸음이다.

나이 든다는 것,
두렵고 속절없는 퇴보가 아니다.
그건 새로운 시선으로 삶을 바라보게 되는
멋진 모험이자, 또 하나의 시작이다.

나는 이렇게
나이 들고 싶다

'나는 이렇게 나이 들고 싶다'라는 제목의 칼럼을 읽었다.

"…인생 항로에서 '기품 있고 상냥하게'를 나침반 삼아,
되도록 '간결하고 단순하게' 살아가기를 원했던 것 같다.
그런데 그게 결코 쉬운 일이 아니다."

짧은 문장인데도 마음에 오래 남았다.
나 역시 그렇게 살고 싶다.
기품 있게, 그리고 상냥하게.
우아하게 늙어가고 싶다는 생각은
요즘 들어 더 자주 한다.

나이가 들었다는 이유로
목소리를 높이거나
무례함을 당연시하지 않기를.
삶이 준 연륜이
무게감이 아니라 다정함과 여유로 드러나기를.

나이 먹은 것이 벼슬은 아니다.
오히려 나이가 들수록
더 겸손하고,
더 친절하고,
더 단순하게 살아야겠다는 다짐을 해본다.

머리를 돌려가며
복잡하게 따지기보다,
그저 한결같은 마음으로
사람들과 일상을 대할 수 있다면
그것이야말로 가장 아름다운 나이 듦이 아닐까.

나의 마음은
몇 살일까?

주민등록증에 적힌 숫자는
삶의 한 척도일 뿐이다.
진짜 나이는
내 마음속 깊은 곳에 품고 있는
영혼의 나이가 아닐까.

신체적 나이는 단지 시간의 흔적이지만,
마음의 나이는
내가 세상을 어떻게 바라보고,
사람들과 어떻게 교감하며,
어떤 태도로 하루를 살아가는지를 말해준다.

우리는 아침에 눈을 뜨는 순간부터
밤하늘 별빛을 바라보며 잠드는 그때까지
자신의 마음의 나이대로 세상을 느끼고 살아간다.

지금, 나의 마음은 몇 살쯤일까?

피곤하고 무기력한 하루 속에서도
세상에 대한 호기심과 설렘,
사람에 대한 따뜻한 관심이 남아 있다면,
내 마음은 여전히 젊은 것이다.

나이를 먹는 건 시간이 하지만,
나이를 정하는 건 결국 나 자신이다.

오늘 당신의 마음은 몇 살인가요?

60년간
붓을 든 호크니

얼마전 몰입형 미디어 아트 전시 「Bigger and Closer」를 통해
데이비드 호크니의 예술세계를 직접 경험할 기회가 있었다.
회화, 사진, 오디오비주얼이 어우러져
마치 작품 안으로 걸어 들어가는 듯한
깊은 몰입감을 안겨주었다.

특히 인상적이었던 것은
아이패드를 활용해 작업한 그의 최근 작품들.
디지털 기기를 적극적으로 활용하며
시대의 흐름을 거스르지 않고,
오히려 그것을 예술의 재료로 삼는
그의 탐구 정신이 놀라웠다.

그중에서도 가장 마음에 남은 건 호크니의 이 말이었다.

"그림을 그린 지 벌써 60년이 되었지만,
여전히 그림을 그리고 있으며, 이 일을 무척 즐기고 있다."

60년이라는 긴 세월 동안
변치 않는 열정으로
예술과 함께해온 그의 모습은
단순한 경력이나 성취 이상의 감동을 전해주었다.

교수로서 나 역시
그의 말에 조용히 울림을 느꼈다.

나도 60년간 연구를 즐겁게 이어갈 수 있을까?
지치지 않고, 탐구하는 마음을 품은 채
삶의 의미를 찾아갈 수 있을까?

호크니의 예술과 삶은
자신의 일을 사랑하고,
그 일을 통해 세상을 사랑하는 방법을 보여준다.
그는 또 하나의 메시지를 남긴다.
"삶을 사랑하라(Love Life)."

그의 작품은 화려한 기교보다
일상의 아름다움과 순간의 경이로움을 담아낸다.
그 앞에 서면
관람객도 모르게 미소 짓게 되고,
긍정의 에너지가 천천히 퍼진다.

나도 내가 하는 일을
조금 더 사랑하고,
삶의 소중함을 매일 새롭게 느낄 수 있도록
노력해야겠다고 다짐했다.

끊임없는 도전 정신과
삶에 대한 열정.

이번 호크니 전시가
내게 남긴 가장 큰 영감이었다.

호크니의 예술과 삶은
자신의 일을 사랑하고,
그 일을 통해 세상을 사랑하는 방법을 보여준다.
그는 또 하나의 메시지를 남긴다.
"삶을 사랑하라(Love Life)."

서브스턴스 :
욕망의 끝에서 맞이한 파국

영화 「서브스턴스」는 욕망이 끝에 이르면
얼마나 파괴적인 결과를 초래하는지를 강렬하게 보여준다.

주인공은 한때 헐리우드에서 잘나가던 스타.
하지만 나이가 들자,
세상은 그녀를 퇴물처럼 대한다.
그 충격에 그녀는 젊음을 되찾을 수 있다는 약을 선택한다.

규칙은 단순하다.
한 주는 20대의 젊고 매력적인 자아,
다른 한 주는 원래의 자신으로 살아가는 것.
처음엔 모든 게 순조로웠다.
하지만 젊음에 집착한 또 하나의 자아는 점점 선을 넘고,
결국 그녀는 욕망이 부른 대가로 모든 것을 잃는다.

감독의 의도와는 별개로,
이 영화가 내게 던진 메시지는 분명했다.

스스로를 사랑하라.
나이 들어가는 자신을 미워하지 말라는 것이다.

젊었던 나도,
지금의 나도
모두 나의 일부다.
그러나 외모와 시간을 되돌리고 싶은 끝없는 욕망은
결국 나를 파멸로 이끈다.

진정으로 추한 것은
주름도, 세월도 아닌
멈추지 못하는 집착과 자기 부정이다.

우리는 모두 외모와 시간의 그늘 속에서 흔들린다.
젊은 날로 돌아가고 싶은 마음은 자연스러운 감정이지만,
그 감정에 사로잡히는 순간
우리는 스스로를 갉아먹기 시작한다.

늙어가는 나를 받아들이고,
그 시간까지도 사랑하자.
그것 역시 온전한 삶의 일부다.

영화 속 데미 무어의 연기는 단연 돋보였다.
데뷔 45년 만에 골든글로브 여우주연상을 수상하며
그녀는 연기 인생에 새로운 전환점을 만들었다.

그녀는 이렇게 말했다.
"끝인가 싶었을 때, 마법처럼 「서브스턴스」 대본을 만났다.
마치 '당신은 아직 끝나지 않았다'고 말해 주는 것 같았다."

그 말은 단순하지만 깊은 울림을 남긴다.
"스스로 부족하다고 느낄 때, 그 잣대를 내려놓으라."

우리는 늘 '충분하지 않다'는 불안에 시달린다.
하지만 그 잣대는

세상이 만든 것도, 타인이 만든 것도 아니다.
대부분은 스스로 만든 기준일 뿐이다.

영화 「서브스턴스」는 그 기준에서 벗어나
있는 그대로의 나를 받아들이라고 말한다.
진정한 자유는
그 수용에서 시작된다고.

삶은 끊임없이 변한다.
젊음도, 아름다움도, 그리고 시간의 흔적도
모두 나를 이루는 소중한 조각들이다.

오늘,
지금 이 순간의 나를 있는 그대로 사랑하자.
나는 이미 충분히 소중하다.
그리고 그 사실을
잊지 말자.

인생의 황금기는
지금

"어릴 때는 어린 대로,
젊을 때는 젊은 대로,
늙으면 늙은 대로
좋은 사람은 평생 행복하게 삽니다.
과거에 연연하지 않고
미래를 두려워하지 않고
지금을 충실히 살면,
그 사람은 늘 인생의 황금기를 사는 거에요."
_법륜 스님, 《인생수업》

이 말을 읽고 나면
황금기란 특정한 시기가 아니라
'지금'이라는 사실을 새삼 깨닫게 된다.

우리는 종종
젊었던 날을 그리워하거나
언젠가 올 더 나은 날을 기다리며

현재를 흘려보내곤 한다.
하지만 삶의 가장 빛나는 순간은
항상 지금 여기에서만 가능하다.

나이 듦은 두려움이 아니라
하나의 흐름이자 축복일지도 모른다.
어린 날에는 어린 날의 즐거움이,
중년에는 중년의 깊이가,
노년에는 노년의 여유와 넉넉함이 있다.

지금의 나를 그대로 받아들이고
오늘 하루를 내 삶의 황금기로 여겨보자.

일어난 일을 긍정적으로 바라보며
하루하루를 충실히 살아가는 것.
그것이야말로
행복에 가장 가까운 길이다.

주연으로
사는 법

우리는 살아가면서
종종 남과 비교하며 마음이 흔들린다.
"나는 이만큼 했는데, 저 사람은 얼마나 더 잘했을까?"
이런 생각은 자연스럽게 따라오고,
결국 누가 더 잘났는지, 누가 더 멋있는지를 비교하게 된다.

사회비교이론(social comparison theory)에 따르면
사람은 늘 주위 사람들과 자신을 비교하며 살아간다.
특히 애매하거나 불확실한 상황일수록
남들이 어떻게 행동하는지를 관찰하며
자신의 위치와 방향을 판단하려 한다.

또한 인상관리이론(impression management theory)은
사람들이 타인의 눈에 더 멋있게 보이기 위해
의식적으로 자신을 꾸민다고 설명한다.
SNS에 올리는 사진 한 장, 모임에서 나누는 한 마디 말까지도
이 노력의 일부일 수 있다.

하지만 문제는 여기서 시작된다.
남의 시선을 지나치게 의식하다 보면
진짜 내가 원하는 삶이 아닌,
타인의 기대에 맞춘 삶을 살게 된다.
그렇게 되면 내 삶의 주인공은 내가 아니라
타인이 되고 만다.

내 인생의 무대에서
나는 조연이 아닌,
언제나 중심에 서 있어야 한다.

우리에게 필요한 것은
스스로를 주인공으로 세우는 연습이다.

그 첫걸음은
내가 진정으로 원하는 것이 무엇인지
차분히 탐색하는 것이다.

"내가 좋아하는 것은 무엇인가?"
"무엇이 나를 설레게 만드는가?"
"내가 소중히 여기는 가치는 무엇인가?"
이런 질문들을 자신에게 던져보자.

때로는 비교를 멈추는 용기도 필요하다.
비교의 긴장에서 벗어나
나만의 속도로 걸어갈 때
우리는 진정한 자유를 느낄 수 있다.

그리고 자신을 긍정적으로 바라보는 습관도 중요하다.
우리는 완벽하지 않지만,
그 자체로 충분히 가치 있다.

남과 다르다고 해서 나를 낮출 필요는 없다.
남보다 앞서지 못했다고
나를 책망할 이유도 없다.

우리는 각자 고유한 빛을 가진 존재다.
그 빛은 비교 속에서가 아니라
자신만의 색깔 속에서 더욱 빛난다.

내 삶의 주인은
결코 남이 아니다.
바로 나 자신이다.

이 단순한 진리를 마음 깊이 새기자.
우리 모두
자신의 무대에서 당당히 주연으로 살아가자.
세상의 박수보다 더 소중한 건,
내 마음이 보내는 환호다.

오대산
전나무 숲길에서

우리나라 3대 전나무 숲길이라면
광릉 국립수목원,
변산반도국립공원 내소사,
그리고 오대산 월정사를 꼽는다.

그중 오대산 전나무 숲길을 걷다가
눈에 띄는 글귀 하나를 만났다.

"내 몸이 아직 살아 있고
걸을 수 있을 정도로 튼튼하다는 것을
알아차리고 즐기라."

그 문장을 읽는 순간,
몇 달 전 종아리 근육 파열로
제대로 걷지 못했던 시간이 떠올랐다.
그때 가장 그리웠던 것도 바로,
그저 '걷는 일'이었다.

나이가 들수록
눈에 들어오는 것들이 달라진다.
예전엔 스쳐 지나가던 길도
지금은 더 자주 멈춰 서게 되고,
숨 쉬는 일, 걷는 일,
당연했던 것들이
더없이 소중해진다.

몸이 아팠던 경험은
불편함만을 남긴 것이 아니었다.
걷는다는 것,
그 단순하고도 위대한 행위에
감사를 배우게 했다.

오대산 숲길에서 오늘도 천천히,
하지만 또렷하게 나의 삶을 걸어간다.

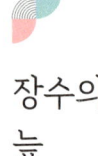

장수의
늪

'국민 정신건강 주치의' 이시형 박사의 인터뷰를 읽다가
뇌리에 강하게 남은 한 표현.
"장수의 늪"

우리나라의 평균수명은 83세.
하지만 건강하게 살아가는 건강수명은 73세.
그 사이 10년,
몸은 아프고 마음은 지치는 시간이
바로 '장수의 늪'이다.

장수의 늪 = 평균수명 – 건강수명
이 시기를 준비하지 못한 채 맞이하면
오래 사는 일은 축복이 아니라
고통이 될 수 있다.

그래서 정말 중요한 건
단순히 오래 사는 것이 아니라

어떻게 살아갈 것인가이다.
그리고 그 중심에는
돈도 명예도 아닌 '관계'가 있다.
가족, 친구, 이웃과의 따뜻한 연결.
그것이 삶의 질을 결정한다.

몸이 약해질수록
의지할 수 있는 사람,
마음을 나눌 수 있는 사람이 필요하다.

'뭐가 중한디?'
그 물음 앞에 서게 될 때,
관계의 소중함을
다시 떠올려야 한다.

늙는 것도, 사는 것도
혼자서는 어렵다.

그러니
지금 이 순간,
곁에 있는 사람과의 관계를
소중히 여겨야 한다.

삶이 길어질수록,
삶을 따뜻하게 채우는 건
사람이라는 걸 잊지 말자.

늙는 것도, 사는 것도 혼자서는 어렵다.
그러니 지금 이 순간,
곁에 있는 사람과의 관계를
소중히 여겨야 한다.

새로운 한 해를
맞이하며

올해,
참 많은 일이 있었다.
기쁜 일도,
괴로운 일도.

그리고 이제,
마침내 올해와
조용히 작별할 결심을 한다.

새로운 해를 앞두고
마음 한 켠엔
설렘이 스며든다.

해가 바뀔수록
우아하게 나이 들고 싶다.
경험은 조금씩 쌓이고,
그 경험들이 지혜로 확장되기를 바란다.

몸도 마음도
한층 더 단단해지는
새로운 한 해가 되기를.

조금 더 건강하게,
조금 더 따뜻하게,
나를 지키며
한 해를 걸어가고 싶다.

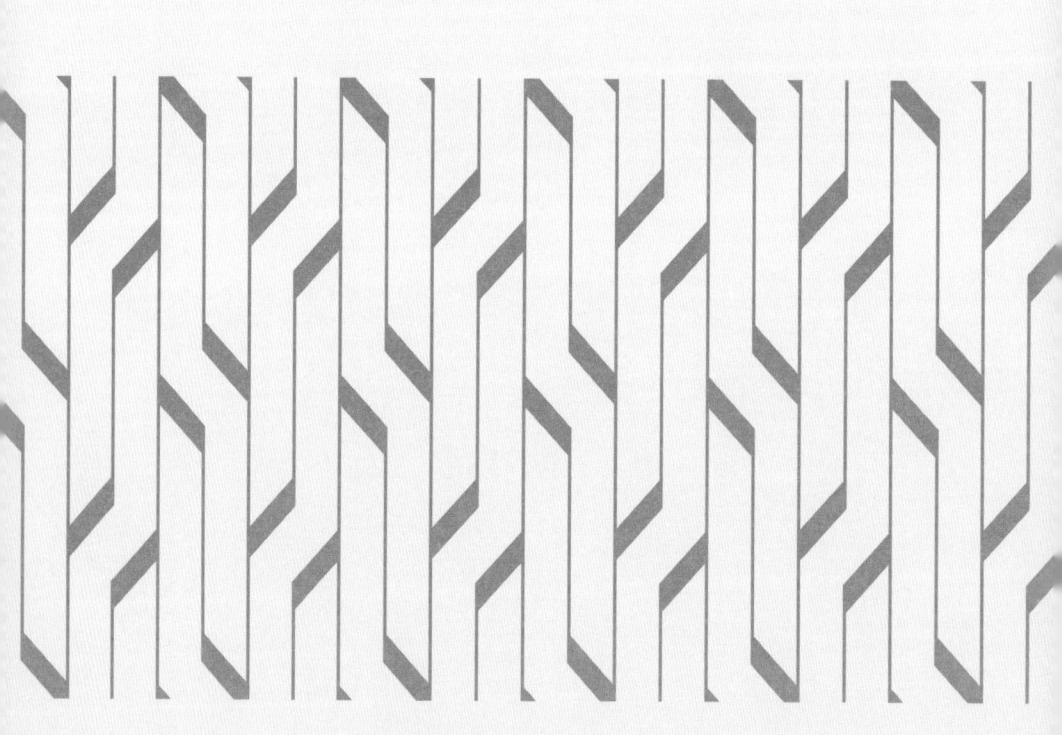

04

작품을 보는 것이 아니라, 삶을 마주하는 순간

- 슬램덩크, 포기의 순간을 넘다
- 이효석 문학관에서 만난 감동
- 뭉크의 「절규」 전시
- 비틀즈를 생각하며
- 박대성 화백의 삶
- 1억짜리 바나나를 본 이유
- 전화위복의 도시, 올레순

슬램덩크,
포기의 순간을 넘다

영화 「더 퍼스트 슬램덩크」를 보았다.
사실 원작 만화는 보지 않았지만,
이 영화가 왜 그렇게 많은 사람들의 마음을 흔들고 있는지
궁금해서 극장을 찾았다.

그리고 나도
슬램덩크의 세계에 빠져들고 말았다.

만화를 보고 자란 세대에게는
이 영화가 분명한 추억의 회로를 자극할 것이다.
하지만 만화를 보지 않은 나 역시
어떤 막연한 그리움과 감동에 빠져든 느낌이었다.
상상이 만들어낸 간접 경험이
대리적 추억이 되어 마음을 건드렸다.

언더독의 성장 스토리는
언제나 사람의 마음을 움직인다.

특히 스포츠라는 배경,
각자의 서사를 가진 매력적인 캐릭터들,
그리고 그 모든 걸 엮어내는
절묘한 감정선은
누구에게나 가슴 뛰는 순간을 만들어낸다.

영화 속엔
살면서 겪어온 여러 순간들을 떠올리게 하는
인상적인 대사들이 많았다.

"포기하는 순간, 경기는 끝나는 겁니다."
"태섭군, 여기는 자네의 무대입니다."
"쓸데없는 생각은 버리고, 다리를 움직이세요."
"영감님의 영광의 순간은 언제지? 나는… 나는 지금이라고요."

이 한 문장, 한 문장이
영화의 장면을 넘어 나의 삶과 맞닿았다.

슬램덩크는 단지 농구 이야기나
청춘 만화가 아니다.
그건
포기의 문턱 앞에서, 다시 한 걸음을 내딛는 이야기다.

우리의 삶도 마찬가지다.
쉽게 포기하고 싶은 순간,
이미 늦었다고 생각하는 순간,
그때마다
"나는 지금"이라고 말할 수 있는 용기.

우리는 그렇게
중꺽마,
중요한 건 꺾이지 않는 마음으로
하루하루를 살아가고 있다.

쉽게 포기하고 싶은 순간,
이미 늦었다고 생각하는 순간,
그때마다
"나는 지금"이라고
말할 수 있는 용기.

이효석 문학관에서 만난 감동

"산허리는 온통 메밀밭이어서 피기 시작한 꽃이 소금을 뿌린 듯이 흐뭇한 달빛에 숨이 막힐 지경이다."

이 한 문장만으로도 이효석의 문학이 가진 감성과 아름다움을 깊이 느낄 수 있다. 마치 그 풍경 속에 직접 들어가 달빛 아래 흐드러진 메밀꽃 향기를 맡고 있는 듯한 생생함.

그의 감성적인 문체와 토속적인 정서를 직접 느껴보고 싶어 강원도 평창 봉평에 위치한 이효석 문학관을 찾았다.

1907년 평창에서 태어나 경성제일고등보통학교와 경성제국대학 영문학과를 거쳐 짧은 생을 살다간 이효석은 소박한 농촌의 정서를 품은 작품들로 널리 알려져 있다.
하지만 문학관을 둘러보며 새롭게 알게 된 사실들이 있었다.
그는 모카커피를 즐기고, 크리스마스트리를 직접 만들 만큼 서양 문화에 대한 관심도 깊었다고 한다.
음악과 영화를 좋아했고, 피아노 실력도 상당했다고 전해진다.

그의 작품에서 느껴지는 토속적인 감성 너머에는 섬세하면서도
세련된 현대적 감각이 흐르고 있었다.
단순히 농촌의 풍경을 그리는 데 그치지 않고 그 안에 감각적인
언어와 모던한 리듬을 담아냈다.

문학관은 단지 그의 삶과 작품을 나열하는 공간이 아니라
작가 이효석의 다면적인 세계를 조명하는 곳이었다.
육필 원고, 초간본 소설, 그가 기고했던 잡지와 신문,
그리고 사진을 바탕으로 복원된 창작실까지.
그 모든 자료가 이효석이라는 한 사람을 입체적으로 그려내고 있었다.

달빛 아래 소금을 뿌린 듯 피어난 메밀꽃처럼,
그의 문장은 지금도 여전히 아름답고 투명하게 남아 있다.
문학관을 나서며 나는 한 문장이 얼마나 큰 감동이 될 수 있는지를 다시 생각했다. 그리고 작가 이효석이라는 이름에 조금 더 깊은 사랑과 존경을 품게 되었다.

뭉크의
「절규」전시

오랜만에 찾은 뭉크 미술관은 이제 13층 규모의 거대한 공간으로 새롭게 거듭나 있었다. 그 가운데 가장 인상 깊었던 곳은 뭉크의 대표작 「절규」를 위한 별도의 전시 공간이었다.

무엇보다 흥미로웠던 점은 단 한 점의 절규가 아니라, 파스텔, 유화, 판화 등 서로 다른 버전의 절규 세 점을 각기 다른 벽면에 걸어두고 30분마다 하나씩 순차적으로 공개한다는 전시 방식이었다.

마치 신상품 출시를 기다리는 오픈런처럼 관람객들은 각기 다른 절규의 등장을 기대하며 조용히 미닫이 문 앞에 모여든다.
그리고 문이 열리는 순간, 새롭게 드러난 절규의 얼굴을 마주한 사람들 사이에서 감탄의 탄성이 터진다.

한 번에 하나의 작품만 보여주는 방식은
오히려 절규 한 점, 한 점에 더 깊은 집중을 이끌어낸다.
평소 익숙하게 봐왔던 이미지도 새로운 조명과 환경 속에서 전혀 다른 인상을 남긴다.

짧은 시간 안에 감상해야 한다는 제한은 관람객의 몰입을 돕고, 자연스럽게 주변의 다른 작품들에도 눈을 돌리게 만든다.

결국 관람자는 절규만 보러 왔다가 뭉크의 다채로운 작품 세계와 마주하게 된다. 이는 단순한 전시 이상의 체험이다.
작품 하나에 머무는 시간이 오히려 짧기에 더 선명하게 남는 인상,
그 집중과 흐름이 전시 전체의 분위기를 이끈다.

이 방식은 전시의 창의성과 감성뿐 아니라 실용적인 면에서도 유효하다. 빛에 민감한 작품을 장시간 노출시키지 않아 보존에 유리하고,
관람객이 분산되면서 작품에 가해지는 물리적 부담도 줄어든다.

무엇을 보여주는가 만큼이나 어떻게 보여주는가가 중요하다는 사실.
뭉크 미술관의 새로운 절규 전시는 그 단순한 원칙을 가장 세련된
방식으로 구현해 낸 성공적인 사례였다.

비틀즈를
생각하며

매튜 스트리트. 리버풀의 유명한 상인의 이름을 딴 거리다.
하지만 이곳을 더욱 특별하게 만든 건 바로 비틀즈였다.

1961년부터 1963년까지
그들은 이 거리의 케이번 클럽(Cavern Club)에서
무려 290번의 공연을 했다.
그 시절의 젊은 열정과 음악적 시작이
이 거리의 벽마다 남아 있다.

불과 10여 년의 활동 기간 동안
비틀즈는 약 16억 장의 앨범을 판매했고,
빌보드 차트 최장기간 1위라는 기록도 세웠다.
하지만 무엇보다 인상적인 건
그들이 상업적 성공에 안주하지 않았다는 점이다.

끊임없이 새로운 사운드와 형식을 시도하며
팝 음악의 경계를 넓혀 나갔다.

록과 클래식, 인도 음악과 전자음악까지 아우르며
당대의 음악을 실험의 장으로 만들었다.

그들의 미국 진출은
브리티시 인베이전의 서막을 열었고,
전 세계 팝 시장을 다시 그리는 계기가 되었다.

비틀즈는 단순한 밴드가 아니었다.
그들은 음악의 언어로 한 시대를 말하고,
새로운 흐름을 만들어냈던
진짜 전설이었다.

지금도 매튜 스트리트를 걷다 보면
어느새 귓가에 흘러드는 멜로디.
비틀즈의 노래는
역사 속에 머물지 않고
여전히 현재형으로 살아 있다.

박대성 화백의
삶

경주의 솔거미술관을 찾았다.
그곳에서 마주한 박대성 화백의 이야기는
마음 깊은 곳까지 울림을 주었다.

어린 시절, 부모를 잃고 한쪽 팔마저 잃는 비극적인 상황 속에서도
그는 그림에 대한 열정을 놓지 않았다.
어둠 속에서도 끝내 빛을 향해 걸어간 사람.
박대성 화백의 삶은 고난을 넘어선 집념과 희망의 상징이었다.

화백은 단순히 그림을 그리는 예술가를 넘어
자신의 수백 점에 이르는 작품을 기증해 미술관 설립에 앞장섰다.
그것은 자신의 재능을 사회에 환원하려는
진심 어린 나눔의 실천이었다.
특히, 한 어린아이가 작품을 실수로 훼손했을 때조차
그는 화를 내기는커녕 아이를 너그럽게 감싸주었다고 한다.
그 모습은 예술가로서의 품격을 넘어
사람으로서의 깊은 따뜻함을 느끼게 해주었다.

박대성 화백의 삶은 단지 감탄을 넘어,
삶에 대한 몇 가지 깊은 성찰을 남겼다.

고난은 성장의 발판이 될 수 있다.
삶의 어려움은 누구에게나 찾아오지만
그것을 어떻게 받아들이고 극복하느냐에 따라
인생의 방향은 달라진다.
나눔은 기쁨을 만든다.
자신의 능력과 시간을 타인을 위해 쓸 수 있는 마음은
삶을 더욱 깊고 넉넉하게 만든다.
그리고 무엇보다, 긍정적인 마음가짐은
어떤 시련도 이겨낼 수 있는 가장 강력한 힘이 된다.

박대성 화백의 삶은 결국 예술을 넘어 한 인간이 어떻게 살아야 하는지를
조용히, 그러나 분명하게 보여주는 이정표였다.
그가 걸어온 길을 따라
나도 오늘을 조금 더 단단하고 따뜻하게 살아가고 싶다.

1억짜리
바나나를 본 이유

마우리치오 카텔란의 전시를 다녀왔다.
그리고 마침내,
그 유명한 바나나 작품을 눈앞에서 보게 되었다.

2019년 12월 '아트바젤 마이애미'에 처음 선보인
카텔란의 작품 「코메디언」은
바나나 하나를 은색 테이프로 벽에 붙여 놓은 설치 작품이었다.

세계 무역을 상징하면서도
유머와 중의적 상징을 담았다는 해석이 이어졌고,
그 바나나는 결국 12만 달러에 팔리며
더 큰 화제를 불러일으켰다.
이후 한 행위 예술가가
그 바나나를 퍼포먼스로 먹어치우면서
작품은 더욱 유명해졌다.

이 작품은 명확히 보여준다.

작품의 가치는 소재의 가격과는 무관하다는 것을.
며칠이 지나면 바나나는 썩어버릴 수밖에 없다.
하지만 그 '바나나를 벽에 붙인다'는 발상,
그 컨셉 자체가 예술의 핵심이자 가치였다.

생각해보면 바나나는
먹어야 제값을 하는 과일이다.
시간이 지나기 전에,
신선할 때 섭취해야 그 의미가 살아난다.

그러나 작품 속 바나나는
먹히지 않아도,
심지어 썩어도,
그 존재로 의미를 확장한다.
오히려 시간이 지날수록
그 컨셉은 더 많은 해석과 담론을 낳고
가치는 더 단단해질 수도 있다.

이 전시를 보고 나오며 문득,
스스로에게 한 가지 질문을 던지게 되었다.

나의 삶을 관통하는 컨셉은 무엇일까?
나는 지금 무엇을 붙잡고 있고,
그것은 시간이 지나도 가치를 지닐 수 있을까?

무엇을 소유하느냐보다
어떻게 의미를 부여하느냐가 중요한 시대.
그 속에서
나라는 이름으로 살아가는 이 삶의
핵심 문장 하나쯤은
스스로 정리해두어야 하지 않을까.

나의 삶을 관통하는 컨셉은 무엇일까?
나는 지금 무엇을 붙잡고 있고,
그것은 시간이 지나도 가치를 지닐 수 있을까?

전화위복의 도시,
올레순

노르웨이 서부 해안에 위치한 올레순은
마치 그림 속에나 나올 법한 아름다움을 간직한 도시다.
하지만 이 도시는 처음부터 지금의 모습이 아니었다.

1904년,
도시 전체를 집어삼킨 대규모 화재가 발생하며
올레순은 순식간에 폐허로 변했다.
당시 대부분의 건축물이 목조였던 탓에
불길은 도시를 가로지르며 모든 것을 앗아갔다.

그러나 이 재앙은 오히려
올레순을 다시 태어나게 만든 계기가 되었다.

화재 소식을 접한 전 세계는
곧바로 도움의 손길을 내밀었다.
특히 독일 황제 빌헬름 2세는
과거 올레순에서 여름휴가를 보낸 인연으로

개인적인 애정을 품고 적극적으로 지원에 나섰다.
그는 독일에서 20여 명의 건축가를 보내 도시 재건을 도왔고,
노르웨이 각지에서도 30여 명의 건축가들이 참여해
단 3년 만에 새로운 도시가 모습을 갖췄다.

그 결과,
목조 건축물로 가득하던 항구 도시는
우아하고 화려한 아르누보 양식의 석조건축 도시로 거듭났다.

올레순의 아르누보 건축은
다채로운 색감과 섬세한 장식으로 유명하다.
파스텔 톤의 외벽, 둥근 첨탑,
나뭇잎 모양의 철제 발코니와 꽃무늬 양각 장식까지,
건물 하나하나가 예술 작품처럼 느껴진다.

이 도시의 매력을 한눈에 볼 수 있는 곳은
악슬라산 전망대다.

전망대에 오르면
7개의 섬이 이어진 도시 전경과
푸른 바다가 어우러진
탁 트인 풍경이 펼쳐진다.
특히 노을이 물드는 시간대의 올레순은
그 자체로 한 폭의 그림이다.

아름다운 건축물 외에도
올레순은 매력적인 골목길과 아늑한 카페들로 가득하다.
천천히 골목을 걸으며
건축을 감상하고
카페에 앉아 여유를 즐기다 보면
시간이 천천히 흐르는 듯한 평온함이 찾아온다.

불길 속에서 다시 태어난 도시.
절망 위에 세워진 예술.
올레순은 단순한 여행지를 넘어

'아름다움은 어떻게 만들어지는가'라는
질문에 답을 주는 곳이다.

다시 올래, 순(soon!).
조금 더 오래 머물고 싶은 도시다.

05

승부보다
더 빛나는 순간이 있다

- 안세영의 투혼
- 0.01초의 역전극
- 배드민턴 여왕 안세영, 세계선수권대회 우승
- 서울대 야구부의 승리
- 신유빈과 전지희, 금메달보다 더 빛났던 조화
- 세계선수권에서의 기적
- 스포츠에서 배우는 서비스의 원칙
- 새로운 테니스 황제, 알카라스

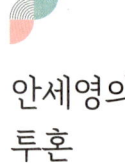

안세영의
투혼

2023년 일본오픈 배드민턴 단식에서
안세영이 또 한 번 우승을 차지했다.

그녀는 말했다.
"승부에 집착하는 배드민턴을 계속해 와서
힘든 시간일 때, 졌을 때 헤어 나오기 힘들더라구요.
2023년부터는 즐겁고 행복한 배드민턴이 목표입니다."

이 말은 단순한 각오 이상의 울림을 준다.
이제는 승부에만 매달리기보다
즐기는 마음으로 경기에 임하려 한다는 그녀.
그러자 오히려 더 좋은 결과가 따라왔다.

2주 연속 우승, 올해만 벌써 7번째 금메달.
이번 대회에서는 32강전부터 결승까지 다섯 경기를
단 한 세트도 내주지 않고 완승으로 장식했다.
그야말로 압도적인 경기력이다.

하지만 그 강인함은
오랜 시간 쌓아온 노력의 결과다.
초등학교 시절부터 써온 훈련 일지에는
가장 자주 등장하는 단어가 '노력'이라고 한다.

즐거움은 결코 가벼운 태도에서 오는 것이 아니다.
진심으로 좋아하는 일을 더 잘하기 위해 쏟아낸
수많은 땀방울 위에서 피어나는 감정이다.

안세영은 보여준다.
승리에 집착하지 않아도
오히려 더 멋진 승부를 만들어낼 수 있다는 것을.

그리고 우리는 배운다.
어떤 일이든 즐겁게 계속하기 위해서는
결국 노력이 필요하다는 것을.

0.01초의
역전극

아시안게임 남자 롤러스케이트 계주 결승전.
한국 대표팀은 선두를 달리며
우승을 눈앞에 두고 있었다.

마지막 주자, 결승선을 코앞에 두고
두 팔을 번쩍 들어 올리며 환호했다.
그 순간, 바로 뒤를 바짝 따라오던 대만 선수는
포기하지 않고 왼쪽 다리를 쭉 내밀며
결승선을 먼저 통과했다.

결과는 0.01초 차이.
기적 같은 역전이었다.

금메달을 확신하며 기뻐하던 한국 선수들은
순식간에 순위가 바뀐 것을 알게 되었고,
망연자실한 표정으로
금메달과 병역특례를 놓쳤다는 사실을 받아들여야 했다.

그 장면은 짧았지만,
오래 기억에 남을 교훈을 남긴다.

마지막까지,
정말 끝나는 그 순간까지
방심하지 말 것.
모든 승부는
결과가 나오기 전까지 끝난 것이 아니다.

처음보다 더 중요한 건
어쩌면 '마지막 한 걸음'이다.
멋진 마무리를 위해 끝까지 집중하고,
최선을 다하는 자세가 필요하다.

경기든, 인생이든
승부는 늘 0.01초 차이에서 갈릴 수 있다.

배드민턴 여왕 안세영,
세계선수권대회 우승

안세영 선수가
한국 배드민턴 역사에 새로운 이정표를 세웠다.

2023년 세계선수권대회에서
한국 선수로서는 처음으로
여자단식 부문 우승을 차지한 것이다.

이번 대회는
세계 랭킹 1위로 출전한 그녀에게
그 명성에 걸맞은 자질을 증명할 첫 무대였고,
그녀는 당당히 우승 트로피를 들어 올렸다.

우승 소감을 묻자
안세영 선수는 다음 목표로
그랜드 슬램을 이야기했다.
올림픽, 아시안게임, 아시안선수권대회를 모두 석권해
진정한 세계 최정상에 오르고 싶다는 당찬 포부.

이미 많은 것을 이뤘지만
그녀는 거기서 멈추지 않았다.
성취에 안주하기보다는 더 높은 무대를 향해
자신을 밀어붙이는 모습이 인상 깊다.

끊임없이 도전하고, 두려움을 앞에 두고도
멈추지 않는 열정과 의지.

안세영 선수의 한 걸음, 한 승리는
그 자체로 감동이자 영감이다.
그녀의 성장을 보며
나 역시 나 자신을 돌아보게 된다.

우리 모두 각자의 자리에서
조금 더 나아가고 싶은 마음,
조금 더 빛나고 싶은 열망을
다시 꺼내 보게 된다.

서울대 야구부의
승리

2024년 4월 19일,
서울대학교 야구부가 역사적인 순간을 맞이했다.
무려 20년 만에 거둔 두 번째 공식 경기 승리.
이 승리는 단순한 승부의 결과가 아니다.
오랜 시간 묵묵히 흘린 땀과 눈물,
포기하지 않고 꿈을 좇은 노력의 결실이었다.

서울대 야구부는 1977년 창단 이후
200전 199패 1무라는 긴 아픔의 시간을 견뎌왔다.
2004년, 창단 27년 만에 거둔 첫 승은
작은 기적이었다.
그리고 다시 20년.
그들이 두 번째 승리를 거둔 날,
선수들의 눈에는 눈물과 웃음이 동시에 번졌다.

서울대 야구부의 선수들 대부분은
학창 시절 큰 좌절을 경험하지 않았던 학생들이다.

하지만 대학에서 야구를 하며
연이어 쓰라린 패배를 겪었고,
그 속에서 스스로를 단련하고,
다시 일어섰다.

정석 감독은 이렇게 말했다.
"패배의 아픔은 쓰리지만,
인생을 살아가는데 분명 도움이 된다."

서울대 야구부의 이 승리는
단순히 경기에서 이긴 것이 아니라,
스포츠 정신과 인간적인 성숙의 상징이다.

수많은 실패에도 불구하고
끝내 포기하지 않고
또 한 번의 기회를 준비해온 그들의 태도는
진한 감동을 전해준다.

그들은 학업과 운동이라는
두 마리 토끼를 동시에 쫓는다.
야구를 통해 몸과 정신을 단련하면서도
미래를 위해 학업에 충실히 임한다.
그 노력은 그 자체로 박수를 받을 만하다.

서울대 야구부의 오늘은
결코 우연히 만들어진 결과가 아니다.
길고 긴 시간 동안 다져온
내면의 힘과 팀워크의 결실이다.

앞으로도 그들의 땀과 노력이
더 많은 이들에게 영감을 주기를.
패배를 통해 성장하고,
도전을 통해 의미를 찾는 그들의 여정을
진심으로 응원한다.

"패배의 아픔은 쓰리지만,
인생을 살아가는데 분명 도움이 된다."

신유빈과 전지희,
금메달보다 더 빛났던 조화

2023년 항저우 아시안게임.
여자 탁구 복식 결승전에서 한국의 신유빈과 전지희가
북한 팀을 꺾고 금메달을 목에 걸었다.
무려 21년 만에 이룬 값진 성과였다.

하지만 무엇보다 인상 깊었던 것은
그들이 보여준 '조화'였다.

12살 차이가 나는 두 선수는
경기 내내 서로를 신뢰하며 완벽한 호흡을 선보였다.
포인트를 따낼 때마다 함께 뛰며 기뻐했고,
실수가 나올 때는 먼저 다가가 격려의 손을 내밀었다.

경기 후, 두 선수는 우승의 공을 서로에게 돌렸다.

"제가 잘한 게 아니라 언니 덕분이에요."
"아니야, 유빈이가 정말 잘했어요."

그 말 한마디, 서로를 빛나게 하려는 그 마음이
금메달보다 더 반짝였다.

이건 단순한 승부의 결과가 아니라 세대와 스타일,
감정과 역할을 넘어서 믿음과 배려로 빚어낸
아름다운 리더십의 장면이었다.

이 장면을 보고 나면 문득 우리 자신에게도 물어보게 된다.
우리는 일상 속에서 이렇게 조화를 이루고 있을까?
서로를 이해하고, 기다려주며,
상대의 빛을 반사해주는 존재가 되어주고 있을까?

탁구대 위의 두 선수는 우리에게 한 가지 가능성을 보여줬다.
서로를 향한 감사와 배려, 그 안에서 피어나는 진짜 승리.

함께 빛나는 삶.
그것이야말로 금메달보다 더 귀한 조화의 순간이다.

세계선수권에서의
기적

세계 육상 선수권 여자 장대높이뛰기 결승전에서
잊지 못할 순간이 펼쳐졌다.

미국의 케이티 문,
호주의 니나 케네디.
두 선수는 2시간 반이 넘도록 치열한 경쟁을 이어갔다.
힘과 기술, 집중력의 싸움이었고 누가 먼저 한계를 넘을 것인지
끝이 보이지 않는 승부였다.

결승 도중,
케네디는 다리에 경련이 오며 고통스러운 상황에 직면했다.
그때, 문은 조용히 다가가 금메달을 나누자고 제안했다.

케네디는 그 순간을 이렇게 회상했다.

"세계 챔피언이자 올림픽 금메달리스트인 문이
계속 뛰자고 할 줄 알았다. 그런데 기적이 일어났다."

두 선수는 서로를 끌어안았고,
함께 우승자로 시상대에 올랐다.

문은 대회 2연패로 실력을 증명했고,
케네디는 생애 첫 세계 챔피언 타이틀을 안았다.
결과보다 더 감동적인 건
경쟁자가 친구가 된 순간이었다.

이 장면은 많은 것을 말해준다.
가진 자가 나눌 때, 기적은 가능해진다.
끝까지 맞붙던 승부 속에서 따뜻한 손을 내밀면
그 손은 누군가의 오랜 꿈이 된다.

스포츠는 때로 이기는 것보다
함께 서는 일이 더 아름답다.
삶도 마찬가지다.
내 작은 배려가 누군가에겐 기적이 될 수 있다.

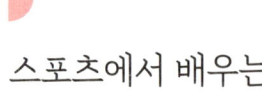

스포츠에서 배우는
서비스의 원칙

스포츠와 서비스는 얼핏 전혀 다른 분야처럼 보이지만,
그 안에는 닮은 원칙과 공유할 수 있는 가치가 숨어 있다.
2023 항저우 아시안게임에서 느낀 스포츠의 감동과 교훈을
서비스 현장에 어떻게 적용할 수 있을지 생각해보자.

1. 철저한 준비가 성과를 만든다
경기장에서 최상의 기량을 펼치기 위해
선수들은 수년간 반복 훈련을 거듭한다.
서비스 기업도 직원 교육과 체계적인 준비 없이는
고객의 기대를 뛰어넘는 경험을 제공하기 어렵다.
좋은 서비스는 즉흥이 아닌, 훈련의 결과다.

2. 고객 참여와 피드백을 중시한다
팬과 선수의 소통은 경기의 몰입도를 높인다.
마찬가지로, 고객의 목소리에 귀 기울이는 기업은
더 나은 제품과 서비스를 만들어낸다.
피드백은 개선의 기회이자, 관계의 시작이다.

3. 위기는 감동의 기회다

배드민턴 안세영 선수는 위기 상황에서 더욱 빛났다.
서비스에서도 문제가 발생할 수 있다.
하지만 이때 잘 대응하면, 고객 만족은 오히려 더 높아진다.
이른바 '서비스 회복 패러독스'다.
문제보다 더 중요한 건, 그 이후의 대응이다.

4. 새로운 기술을 적극적으로 활용한다

이번 아시안게임은
최첨단 기술로 경기의 감동을 증폭시켰다.
서비스 분야도 예외가 아니다.
AI, 챗봇, AR/VR 등 새로운 기술을
서비스 현장에 융합할 수 있어야 한다.
기술은 고객에게 새로운 경험을 제공하는 동력이다.

5. 끊임없이 혁신한다

선수는 새로운 기술을 익히고

전략을 끊임없이 변화시킨다.
기업도 마찬가지다.
익숙한 방식에 머물지 않고
고객의 기대보다 한 발 앞선 혁신이 필요하다.
변화를 두려워하지 않는 자세,
그것이 경쟁력을 만든다.

6. 끝까지 최선을 다한다

롤러스케이트 팀의 0.01초 역전패는
마지막 순간까지 최선을 다해야 한다는
중요한 교훈을 남겼다.
서비스에서도
고객과의 마지막 접점, 마지막 인사,
마지막 한 문장이 모든 인상을 결정짓는다.
"끝날 때까지 끝난 게 아니다."
이 말은 스포츠뿐 아니라
서비스에도 그대로 적용된다.

7. 꾸준한 1위는 존경받는다

남자 축구 3연패, 야구 4연패,
그리고 양궁 여자단체의 7연패.
기록의 무게는
결코 우연이 아닌 지속의 결과다.
KS-SQI 등 고객만족지수 1위를
5년, 10년 이상 지켜낸 기업 역시
그 자체로 존경받을 만한 성취다.
꾸준함은 신뢰가 된다.

8. 지속가능성과 사회적 책임을 추구한다

스포츠는 사회적 연대와 건강한 문화를 만든다.
서비스도 사회적 가치를 지향해야 한다.
환경을 생각하고,
사회를 돌보고,
윤리적인 구조를 갖춘 기업만이
지속 가능한 신뢰를 쌓아갈 수 있다.

스포츠로부터 배운 이러한 원칙들은
서비스가 나아갈 방향을 비추는 나침반이 된다.
치열한 경쟁과 예측 불가능한 상황 속에서도
이 원칙들을 되새기며
기업은 더 단단해지고, 더 멀리 나아갈 수 있다.

"마음이 통하면 미래가 열린다."
이번 아시안게임의 슬로건이자
이 글을 마무리하기에 가장 어울리는 말이다.
고객과 마음이 통하는 순간,
기업의 미래는 분명히 밝아진다.

"마음이 통하면 미래가 열린다."

새로운 테니스 황제,
알카라스

2023년 윔블던 결승전.
알카라스가 드디어 해냈다.
'윔블던의 황제'라 불리는 조코비치를 상대로
무려 4시간 42분에 걸친 혈투 끝에 승리를 거뒀다.

이 승리는 단순한 한 경기의 승리가 아니다.
지난 20년 동안 윔블던을 지배해온
빅4 '조코비치, 페더러, 나달, 머리'의
아성을 무너뜨린 역사적 순간이었다.

이 세상에 영원한 것은 없다는 말.
그 말이 윔블던 센터코트에서 현실이 되었다.
잔디 코트에 약하다는 평을 받던 알카라스.
하지만 그는 그 약점을 스스로 이겨내며
윔블던이라는 가장 상징적인 무대에서 우승을 차지했다.
약점이란, 극복하기로 결심할 때
더 이상 약점이 아니게 된다.

그리고 이제,
20세의 나이에 '새로운 황제'로 등극한 알카라스가
테니스의 새로운 시대를 어떻게 써내려갈지
온 세계가 주목하고 있다.

기대와 설렘 속에서
우리는 다시 질문하게 된다.

진짜 강함이란 무엇인가.
그리고,
진짜 변화는 어디에서 시작되는가.

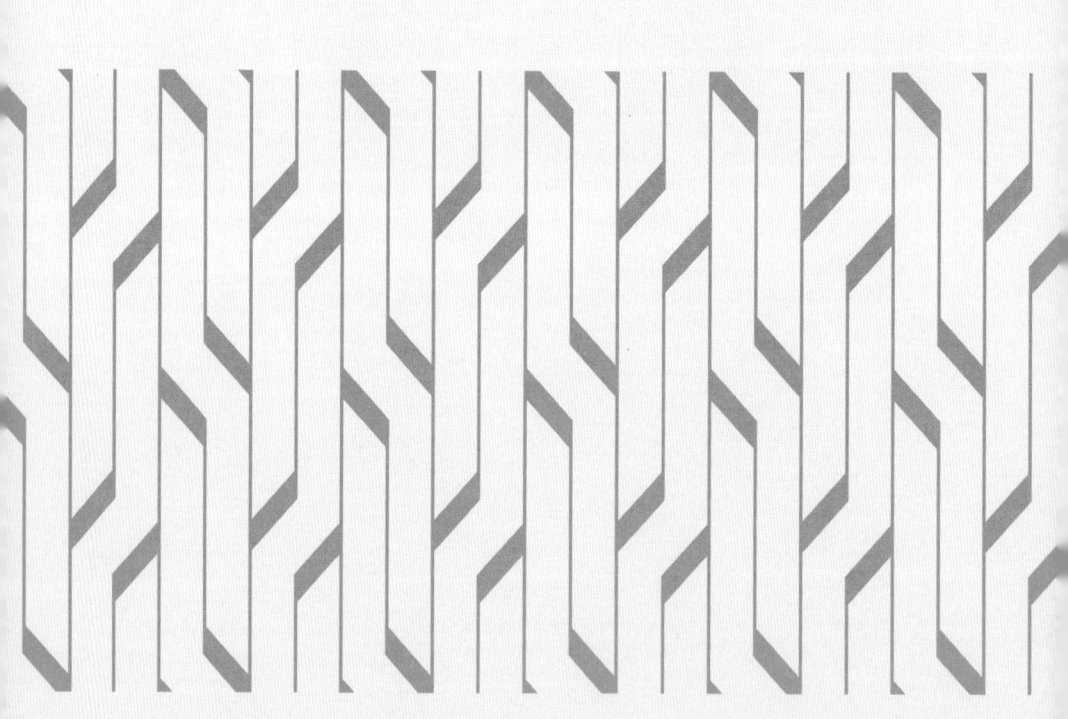

06

멈출 수 있어야
다시 달릴 수 있다

- 직업병과 휴식
- 워라밸을 넘어 워라블로
- 일과 삶의 몰입과 중독
- 힘을 빼야 보이는 것들
- 준비하지 말고 오늘 행복하기
- 뇌를 쉬게 하라
- 서두르지 말고, 멈추지도 말고

직업병과
휴식

사람마다 직업병이 있기 마련이다.
교수도 예외는 아니다.

마이크만 잡으면
무의식적으로 강의를 시작하게 되고,
주변 사람과의 대화 속에서도
논문 지도하듯 자꾸 지적하고 설명하려 든다.

무언가를 해야 한다는
보이지 않는 압박,
늘 생산적인 일을 해야 한다는
내면의 강박까지.
쉼조차 목적이 있어야만 허락되는 듯한 일상.

그런 나를 잠시 멈춰 세운 시간,
평창에서의 자연 속 체류였다.
아무것도 하지 않아도 되는

슬로우 라이프.
계획 없이 걸었고,
하늘을 올려다보았고,
흙냄새와 바람을 느꼈다.

그곳에서 나는
오랜만에 '나'라는 사람을
고요하게 들여다보았다.

몸과 마음의 균형을
다시 맞출 수 있었던
소중한 휴식이었다.

워라밸을 넘어
워라블로

'워라밸(Work-Life Balance)'은
한동안 우리 사회에서
이상적인 삶의 키워드로 주목받았다.
일과 삶을 분리하고,
서로 균형을 이루며 살아가는 방식.
하지만 이제는 그 이상을 꿈꾸는 사람들이 많아졌다.

최근 주목받는 개념은
바로 '워라블(Work-Life Blending)'이다.
워라블은 일과 삶을 단절시키기보다
서로 자연스럽게 녹여내며
삶의 즐거움과 의미를 찾는 방향을 제안한다.

아마존 창업자 제프 베이조스 역시
워라밸보다는 워라블을 지지했다.
그는 일과 삶이 서로 다른 축이 아니라
하나의 원처럼 연결되어 있다고 강조했다.

팬데믹 이후 확산된 재택근무와 유연근무제는
이러한 흐름을 더욱 현실로 만들었다.

일과 삶의 경계는 점점 흐려지고,
우리는 어느새
일하는 방식과 살아가는 방식 모두를
다르게 바라보게 되었다.

워라블은 이런 변화에
잘 어울리는 삶의 태도다.

단지 생계를 위한 일이 아니라
일을 통해 자아를 실현하고,
삶의 가치를 확장하며,
사회에 기여할 수 있다는 감각.
일과 삶을 나눌 필요 없이
하나의 흐름으로 받아들이는 태도.

이제 우리는
'일하는 시간'과 '사는 시간'을 따로 나누기보다,
일을 통해 스스로를 성장시키고
일상에서 의미를 발견하는 방향으로
시선을 옮기고 있다.

워라밸이 균형을 이야기했다면,
워라블은 연결과
즐거움을 이야기한다.

우리도 이제
일과 삶의 경계에 선 채
무엇을 놓을까 고민하기보다는
어떻게 더 잘 섞을지 생각해보자.
균형을 넘어,
즐거운 블렌딩을 위해.

우리도 이제 일과 삶의 경계에 선 채
무엇을 놓을까 고민하기보다는
어떻게 더 잘 섞을지 생각해보자.
균형을 넘어,
즐거운 블렌딩을 위해.

일과 삶의
몰입과 중독

일은 우리 삶의 무대에서
결코 빠질 수 없는 중요한 파트너다.
열정을 쏟고, 능력을 펼치며,
성취의 짜릿함을 느끼게 해주는 순간들.
그 무대 위에서 우리는 성장하고 빛난다.

하지만 무대 뒤에는
늘 조용히 그림자를 드리우는 존재가 있다.
바로 '중독'이라는 이름의 함정이다.

몰입은 마치 즐거운 왈츠처럼,
일에 온전히 집중하며 즐거움을 느끼는 상태다.
그 몰입은 높은 생산성과 창의성을 피워내고,
우리를 더 나은 방향으로 이끌기도 한다.

하지만 중독은 다르다.
어둠 속에서 방향을 잃은 듯,

일에 대한 강박적 사고와 행동에 사로잡힌다.
끊임없는 긴장과 불안,
심지어 우울과 건강의 붕괴로까지 이어질 수 있다.

일과 삶의 균형을 유지하는 일은
마치 팽팽한 긴장감 속에서 이어지는 곡예처럼 어렵지만,
그만큼 섬세한 주의와 훈련이 필요한
삶의 기술이다.

열정은 유지하되,
가족과 친구, 휴식과 여가라는
삶의 다른 조각들을 놓치지 말아야 한다.

업무에서 완전히 벗어나는 시간,
자연 속 산책, 음악, 운동,
그리고 사랑하는 이들과 나누는 대화가
삶의 중심을 다시 다잡게 해준다.

일은 우리 삶의 한 장면일 뿐,
그 자체가 전부가 되어서는 안 된다.

몰입은 삶을 아름답게 하고,
중독은 삶을 갉아먹는다.
그 미묘한 경계를 알아차리고
의식적으로 조절할 수 있을 때,
우리는 일과 삶의 춤을 조화롭게 출 수 있다.

잊지 말자.
행복이라는 꽃은
균형이라는 토양 위에서만 자란다.

늘 조용히 그림자를
드리우는 존재가 있다.
바로 '중독'이라는
이름의 함정이다.

힘을 빼야
보이는 것들

우리는 살아가며
끊임없이 선택의 순간을 맞는다.
그때마다 본능이나 욕심이
우리의 판단을 끌고 가곤 한다.
그 순간엔 그것이 최선처럼 느껴지지만,
시간이 지나 후회로 남는 결정들도 있다.

왜일까.
어쩌면 너무 '힘'을 주었기 때문일지 모른다.
운동을 하다 보면 코치들은 늘 말한다.
"어깨에 힘 빼."
자연스럽고 유연한 동작은 힘을 뺄 때 나온다.

하지만 이기고 싶은 욕심,
좋은 성과를 내야 한다는 압박,
그 모든 마음들이
우리 몸을 긴장하게 만들고 오히려 실수를 부른다.

테니스, 골프, 수영도 마찬가지다.
초보자일수록 멀리 보내고 싶은 욕심에
온몸에 힘을 꽉 주지만,
결과는 엉뚱한 방향의 공,
혹은 제자리에 멈춰 선 스윙뿐이다.

반면 숙련된 선수들은
힘을 뺄 줄 안다.

그 자연스러운 흐름 속에서
정확하고 아름다운 결과가 나온다.

사회생활에서도 우리는 종종
자신도 모르게 힘을 준다.
직책이 생기고, 책임이 생기면
무의식 중에 말투가 단단해지고
태도는 경직된다.

그 순간 상대방은 불편함을 느끼고
대화는 소통이 아닌
일방적인 주장으로 흐른다.

삶도 다르지 않다.
과도한 욕심, 지나친 고민은
선택을 무겁게 만들고
진짜 중요한 것을 놓치게 한다.

물이 가득 찬 컵에는
더 이상 아무것도 담을 수 없다.
조금 비우고 여유를 가져야
새로운 것이 들어올 자리가 생긴다.

그러니, 이제는 힘을 빼고 살아보자.
덜어내고 가볍게.
그러면 더 멀리, 더 오래 편안하게 걸어갈 수 있다.

이제는 힘을 빼고 살아보자.
덜어내고 가볍게.
그러면 더 멀리,
더 오래 편안하게 걸어갈 수 있다.

준비하지 말고,
오늘 행복하기

"우리가 흔히 행복하기 위해서 준비만 하다가
죽을 때까지 한 번도 행복해보지 못한 채 죽습니다.
그러니 준비할 것도 없어요.
바로 지금부터 행복해야 합니다.
준비하지 말고, 오늘 당장 행복해야 합니다."
_법륜 스님,《인생수업》

이 말을 읽는 순간,
문득 중고등학교 시절이 떠올랐다.
시험공부를 하겠다고 자리에 앉아서는
먼저 책상을 정리하고, 책꽂이를 정돈하고,
완벽한 계획표를 그리느라 진이 다 빠졌다.
그러고 나면 하루는 훌쩍 지나가 있었고,
정작 공부는 한 줄도 하지 못한 채 피곤함만 남아 있었다.

지금의 내 일상도
크게 다르지 않은 건 아닐까?

행복을 위해, 여유를 위해, 무언가를 위해
늘 '준비만' 하고 있는 건 아닌지.
행복은 다음에, 여유는 언젠가,
삶을 미래의 어느 날을 위해
미뤄두고 있는 건 아닌지.

하루하루를
단지 더 나은 미래를 위한 수단으로만 여긴다면,
지금 이 순간은 영영 살아보지 못할 수도 있다.

하루는 준비의 시간이 아니라,
온전히 살아내야 할 나의 시간이다.
바로 오늘, 지금 이 순간이
내 삶의 일부라는 사실을 잊지 말자.

오늘을 살아야
내일도 존재할 수 있다.

뇌를
쉬게 하라

우리의 뇌는
두 세계를 오가는 마법사와 같다.
하나는 끊임없이 움직이게 만드는 '활동의 세계',
다른 하나는 고요하고 평화로운 '휴식의 세계'

이 두 세계가 조화를 이룰 때,
비로소 우리는 건강한 삶을 살 수 있다.

하지만 현대 사회는
멈추지 말고 움직이라고 말한다.
일, 공부, 운동, 취미…
우리의 하루는 쉼 없이 돌아가는 기계처럼 바쁘다.

문제는,
이 '활동의 세계'가 지나치게 지배하면
뇌는 점점 지쳐간다는 것이다.
마치 마라톤을 쉬지 않고 달리는 것처럼.

그래서 뇌에도
진짜 '쉼'이 필요하다.

그렇다면, 어떻게 쉬어야 할까?

잘 쉬기 위해서는
정말로 '아무것도 하지 않는 것'이 중요하다.
우리의 뇌에는
활동할 때와 쉴 때 각각 활성화되는 회로가 있다.
이 두 회로는 마치 시계추처럼 번갈아 작동하며
균형을 유지할 때, 뇌는 가장 건강하게 작동한다.

하지만 우리는 종종
'아무것도 하지 않는 시간'을
불안해하고 낭비라고 여긴다.
그래서 쉬는 시간에도
스마트폰을 들여다보고,

영상을 보고, 끊임없이 무언가를 하며
뇌를 계속 자극한다.

이건 '휴식'이 아니다.
오히려 뇌를 더 지치게 만드는 일이다.

진정한 쉼은
창밖을 멍하니 바라보는 것,
가벼운 명상,
조용한 산책,

혹은 낮잠처럼
뇌에 자극을 주지 않는 시간이 되어야 한다.

이런 순간들이
우리의 뇌를 진정으로 쉬게 하고,
다시 움직일 힘을 길러준다.

잘 쉬는 것이야말로
뇌 건강의 열쇠다.

뇌가 편안해야
우리는 더 창의적으로 사고하고,
더 생산적으로 일하며,
더 온전한 행복을 누릴 수 있다.

오늘,
잠깐 멈춰서
'아무것도 하지 않는 시간'을 가져보자.

그 고요 속에서,
우리의 뇌는 다시 숨을 쉬기 시작할 것이다.

서두르지 말고,
멈추지도 말고

세상에서 가장 어려운 일은
쉬운 일을 매일같이 지속적으로 해내는 것이다.

하물며 뜻대로 되지 않는 일을
포기하지 않고 이어가는 일은
얼마나 더 힘들까.

지치지 않으려면
조금 천천히, 하지만 멈추지 말고.

기세에 기대지 않고
기록을 쌓듯이.
욕심보다는 태도로, 속도보다는 방향으로.

서두르지 말고, 멈추지도 말고,
오늘도
조금씩 앞으로 나아가자.

서두르지 말고,
멈추지도 말고,
오늘도
조금씩 앞으로 나아가자.

07

세상을 걷다가, 나를 돌아보다

- 꺾이지 않는 현대차, 미국 판매 1500만대 돌파
- 현대차, 미국 1억대 생산의 기적
- 대학의 위기
- 리버풀에서
- 정주영과 중동의 역발상
- 잘못된 의사결정의 대가
- 골프 전설, 최경주의 승리
- 올림픽의 순간, 그 자리에 다시 서다
- 습관을 바꾸면 인생이 바뀐다
- 새해 인사 소감

꺾이지 않는 현대차,
미국 판매 1500만대 돌파

현대자동차가
미국 시장에서 누적 판매 1500만 대를 돌파했다.

1986년,
소형차 '엑셀'로 미국 땅을 처음 밟았을 때를 떠올리면
그야말로 대단한 여정이다.
36년 만에 이룬 기록이다.

유학 시절,
캠퍼스에서 마주친 엑셀은 어딘가 신선한 충격이었다.
'Hyundai'를 어떻게 읽는지 설명하는 광고도
아직도 기억 속에 선명하다.
"한-다이? 현-데이?"

2005년, 앨라배마주 몽고메리에 첫 현지 공장이 세워졌을 때
정몽구 회장의 이름을 따
'몽구메리'라는 농담 섞인 별명도 나왔었다.

성장 속도는 꾸준했다.
2007년 500만 대, 2015년 1000만 대,
그리고 2022년 1500만 대.
그 곡선은 단순한 숫자 너머의 신뢰와 기술,
도전의 흔적을 보여준다.

처음엔 '값싼 차'의 이미지였지만,
이제는 '뛰어난 품질과 디자인을 갖춘 글로벌 브랜드'로
현대차는 미국 소비자의 마음에 자리 잡았다.

조만간 누적 2000만 대라는 새로운 이정표도
넘어설 날이 오기를 기대해본다.

그리고 그 길 위엔
'꺾이지 않는 마음'이 있었다는 것을 기억하고 싶다.

현대차,
미국 1억대 생산의 기적

2024년,
현대자동차가 누적 생산량 1억대를 돌파했다.
1967년 창립 이후 57년 만에 이룬 성과다.
이는 단순한 숫자를 넘어,
한국 자동차 산업의 눈부신 도약을 상징하는 역사적 이정표다.

특히 이 기록은
일본의 대표 자동차 회사 토요타가
60년 만에 달성한 것보다 앞선 것으로,
세계 시장에서 현대차의 경쟁력을 다시금 입증해 보였다.

현대차의 시작은 겸손했다.
미국 포드사의 '코티나'를 조립하는 것으로 출발했지만,
1975년 독자 모델 '포니'를 내놓으며
본격적인 비상의 날개를 펼쳤다.
그리고 1986년, '포니 엑셀'로 미국 시장에 진출하며
글로벌 브랜드로서의 첫 발을 내디뎠다.

나에게도 이 여정은 낯설지 않다.
1987년 미국 유학 시절,
미국 도로를 달리던 포니 엑셀을 보며
마음속에 묘한 감동과 자부심이 일었다.
'한국에서 만든 차가 이곳에서 달리고 있다니.'
그 장면은 하나의 문화적 충격이었고,
국가의 힘을 실감하는 순간이었다.

그리고 이제,
현대차는 1억 대를 넘어
2억 대를 향해 나아가고 있다.

현재 연간 500만 대의 생산 능력을 감안하면,
20년 이내에 도달 가능한 수치다.
물론 시장과 전략에 따라 여건은 달라질 수 있지만,
현대차의 혁신과 탄탄한 글로벌 입지를 생각하면
결코 불가능한 도전은 아니다.

이번 1억대 달성은
단순한 '완성'이 아니라,
더 큰 가능성으로 가는 문을 여는 순간이다.

과거를 돌아보며 얻는 자부심,
그리고 미래를 향한 기대.
현대차의 이 쾌거에 아낌없는 축하를 보내며,
앞으로도 기술과 신뢰, 그리고 사람을 중심으로
더 멀리, 더 깊이 나아가길 진심으로 응원한다.

과거를 돌아보며 얻는 자부심,
그리고 미래를 향한 기대.

대학의
위기

우리나라에서
2000년 이후 문을 닫은 대학이 19곳에 이른다.
1년에 한 곳씩, 대학이 사라져온 셈이다.

이는 단지 몇몇 학교의 문제가 아니다.
학령인구 감소라는 구조적 변화 속에서
대학 전체가 흔들리고 있다.

실제로는 이보다 훨씬 많은 대학이
폐교 위기에 직면해 있다고 한다.
다만 '나가기 어려운' 구조 속에서
명맥만을 간신히 이어가고 있을 뿐이다.

일부 전문가들은
2040년대가 되면 국내 대학의 절반 이상이
사라질 수도 있다고 전망한다.
이제는 바야흐로 대학의 위기 시대다.

그동안 기업에는
시장의 변화, 고객의 변화에 대한 민첩한 대응을 강조해왔다.

그렇다면, 정작 '교육 시장'의 한 축인 대학은
이 거대한 변화 앞에서 어떤 준비를 해왔는가?

학생 수가 줄고, 청년층이 학위보다 실질적인 역량을 중시하고,
온라인과 기술 기반의 교육 환경이 급속히 확산되는 지금,
대학은 여전히 과거의 틀 안에 머무르고 있지는 않은가?

위기는 언제나 변화를 요구한다.
그리고 살아남는 쪽은 가장 강한 조직이 아니라
가장 유연한 조직이다.

이제 대학도 스스로를 '지식의 성역'이 아닌
'변화의 실험장'으로 받아들여야 할 때다.
변화를 읽고, 구조를 새롭게 하고,
교육의 본질을 다시 질문해야 할 때다.

리버풀에서

영국 리버풀의 알버트 독(Albert Dock)은
19세기 산업혁명의 중심지로,
한때 화물선이 드나들던 붐비는 항구였다.
그러나 시대는 변했고,
증기기관 열차와 새로운 운송 체계가 등장하면서
상업용 항구로서의 기능은 점차 사라졌다.

그 자리에 남은 것은
붉은 벽돌 건물과 텅 빈 창고들.
시간의 흐름에 잊힌 공간처럼 보였던 그곳은
도시 재생의 손길을 만나
새로운 생명을 얻었다.

지금의 알버트 독은
미술관 '테이트 리버풀', 해양박물관,
비틀즈를 기념하는 전시공간 '비틀즈 스토리' 등
문화와 예술, 관광이 공존하는 복합문화공간으로 탈바꿈했다.

세련된 바와 레스토랑, 상점들도
옛 창고 건물 안에 자연스럽게 스며들어 있다.

이곳은 단순한 리노베이션을 넘어,
과거의 산업유산을 기억하면서도
새로운 가치를 창조해낸
도시 재생과 문화산업 개발의 대표적 사례다.

알버트 독은 말한다.
도시는 언제든 다시 태어날 수 있다고.
기억과 공간이 만나,
다시 사람을 불러 모을 수 있다고.

정주영과
중동의 역발상

1975년,
대한민국은 새로운 경제 성장의 돌파구를 찾아야 했다.
당시 박정희 대통령은 중동 지역에서
대규모 건설 프로젝트를 추진하려 했지만,
대부분의 사람들은 고개를 저었다.

"너무 덥다."
"물도 없다."
"공사 여건이 최악이다."

그러나 정주영 현대건설 회장은
그 모든 비관적 평가에 정면으로 맞섰다.

그는 중동의 고온 건조한 기후를
오히려 '365일 공사가 가능한 환경'이라고 보았다.
끝없이 펼쳐진 자갈과 모래는
골재 조달에 유리한 자원이었고,

물 부족은 주변 지역에서 운반하면 될 일이었다.
무더위는 낮에는 쉬고 밤에 일하는 방식으로
극복 가능하다고 판단했다.

중동은 장애물이 아니라,
기회로 가득한 땅이었다.

박정희 대통령은 그의 통찰을 받아들였고,
현대건설을 포함한 한국 기업들은
과감히 중동으로 진출했다.

결과는 대성공.
한국은 막대한 외화를 벌어들이며 경제 고도화의 발판을 마련했고,
세계는 '한국 건설의 힘'을 주목하기 시작했다.

이 이야기는 단순한 성공 신화가 아니다.
같은 상황도 어떻게 바라보느냐에 따라

완전히 다른 기회가 될 수 있다는 것.

정주영 회장의 역발상은
"이유를 찾지 말고, 방법을 찾자"는
그의 철학을 고스란히 보여준다.

불가능해 보이는 조건 속에서도
가능성의 씨앗을 발견했던 그처럼,
우리도 각자의 삶 속에서
작은 기적을 만들어 갈 수 있다.

세상을 바꾸는 건 언제나,
그 가능성을 먼저 본 사람들이다.

불가능해 보이는 조건 속에서도
가능성의 씨앗을 발견했던 그처럼,
우리도 각자의 삶 속에서
작은 기적을 만들어 갈 수 있다.

잘못된 의사결정의 대가

우리는 매일
크고 작은 선택의 순간을 마주한다.
점심 메뉴를 고르는 사소한 결정부터,
중대한 사업 전략이나 인생의 방향까지.
의사결정은 삶의 모든 순간에 스며들어 있다.

하지만 잘못된 결정은
개인의 후회에 그치지 않고,
조직, 사회, 나아가 국가 전체에
심각한 결과를 초래할 수 있다.

역사는 그 교훈을 분명하게 보여준다.

1986년, 체르노빌 원전 사고.
당시 관리자들은 안전 경고를 무시하고,
절차를 생략한 채 실험을 강행했다.
그 결과는 인류 역사상 최악의 원전 재난이었다.

방사능은 수십 년이 지나도록
사람들의 삶을 위협하고 있고,
사고의 대가는 아직도 끝나지 않았다.

반면, 뛰어난 전략적 판단의 사례도 있다.
링컨 대통령은 북군이 전세를 뒤집기 시작한
결정적인 시점에
노예해방선언을 발표했다.
이는 단순한 군사 승리의 차원을 넘어
전쟁의 명분을 '도덕'으로 전환시켰고,
역사의 흐름을 바꾸는 결정적 계기가 되었다.

좋은 결정은 결코 우연이 아니다.
미국의 커뮤니케이션 전략가
딜렌슈나이더는 이렇게 말한다.
"사람들은 흔히 결정이 직감에서 비롯된다고 생각하지만,
훌륭한 의사결정을 위해서는 훈련이 필요하다."

그 훈련은 단순한 정보 축적이 아니라,
실패와 경험을 통해 배우는 과정이다.
반복적인 시도와 성찰을 통해
직감은 점점 더 정교해지고,
판단은 깊어지며
결정의 질은 높아진다.

실수를 하는 것은
인간의 본성이다.
그러나 중요한 것은
그 실수에서 배우고
다음 선택을 더 나은 방향으로 이끄는 자세다.

의사결정은 단순한 선택이 아니다.
그 하나의 판단이
개인의 삶은 물론,
조직과 사회, 때로는 역사의 방향까지도 좌우할 수 있다.

우리는 모두
결정하는 존재로 살아간다.
그러니 가볍게 선택하지 말자.

생각하고, 배우고, 훈련하며
더 나은 결정을 위해
끊임없이 준비하자.

골프 전설,
최경주의 승리

2024년 5월 19일,
한국 골프의 전설 최경주 선수가
'SK텔레콤 오픈'에서 극적인 연장전 끝에 우승을 차지했다.
생일을 맞은 날, 케이크 대신 우승 트로피를 들어 올린 그는
54번째 생일을 인생 최고의 순간으로 장식했다.

12년 만의 우승.
그리고 한국프로골프 투어 역사상 최고령 우승.
이 모든 기록은 한 장의 드라마처럼 감동과 함께 펼쳐졌다.

50대의 나이에도 꺾이지 않는 열정,
흔들림 없이 이어온 땀과 집중.
최경주 선수는
"나이는 숫자일 뿐"이라는 말을 몸소 증명해 보였다.

이번 우승은
그가 SK텔레콤 오픈에서 거둔 네 번째 우승이다.

2003년, 2005년, 2008년, 그리고 2024년.
20여 년을 아우르는 그 시간 속에서
그는 변함없이 그린 위를 지켰고,
마침내 또 하나의 정점을 찍었다.

최경주의 우승은
단순한 스포츠 결과를 넘어
우리 모두에게 깊은 울림을 준다.

멈추지 않는 노력, 시간을 견디는 인내,
그리고 나이를 뛰어넘는 가능성.
그의 스윙 하나하나에 담긴 이야기는
오늘을 살아가는 우리에게 조용한 격려가 된다.

최경주 선수, 진심으로 축하드립니다.
당신의 도전은 계속되고,
우리는 그 순간들을 함께 응원할 것입니다.

올림픽의 순간,
그 자리에 다시 서다

우연한 기회로
평창 올림픽기념관을 찾게 되었다.

전시관 안에서
2018년 동계올림픽 개막식 영상이 상영되고 있었다.
화면 속 장면들이 익숙하게 다가왔다.
눈부시던 불꽃,
입장하는 선수들,
하나의 감동이었던 그날의 기억.

관람 공간 한쪽에는
선수들이 기증한 유니폼과 장비가 전시되어 있고,
몇몇 종목을 체험할 수 있는 공간도 마련되어 있다.

그런데 문득 눈에 띈 구조물,
가까이 보이는 성화봉송대.
직원에게 물으니

실제 개막식이 열렸던
그 성화봉송대라고 한다.

당시 스타디움 대부분은 철거되었지만,
본관 일부와 성화봉송대만 남겨
기념관으로 재구성한 것이란다.

그 말을 듣는 순간
잠시 시간이 멈춘 듯했다.

'여기… 바로 이 자리였구나.'

수년 전,
그날 개막식에 직접 참석했었다.
그 열기와 환호,
감동의 장면들이
이제는 조용한 전시관의 공기 속에 머물러 있다.

이렇게 다시 그 자리에 서게 될 줄은
꿈에도 몰랐다.
아무런 계획도 의도도 없이,
마치 삶이 조용히 이끌어 온 것처럼.

세상은 참 묘하다.
시간은 앞으로만 흐르지만
우리는 어쩌다 이렇게
한 자리에 다시 서게 된다.

돌고 도는 건
사람의 인연만이 아니라
기억도, 장소도, 그리고 감동도 그런 것 같다.

모든 것이 내 뜻대로 되지는 않지만,
그래서 삶이
더 흥미롭고 더 깊다.

세상은 참 묘하다.
시간은 앞으로만 흐르지만
우리는 어쩌다 이렇게
한 자리에 다시 서게 된다.

습관을 바꾸면
인생이 바뀐다

습관은
우리 삶의 방향을 바꾸는 가장 강력한 힘이다.

좋은 습관은 성공을 향한 발판이 되고,
나쁜 습관은 스스로를 무너뜨리는 발목이 된다.

습관이란
의식하지 않아도 반복되는 행동의 패턴이다.
우리는 이 반복을 통해
일상을 효율적으로 보내고,
불필요한 스트레스를 줄일 수 있다.

예를 들어,
아침에 일어나자마자 물을 마시는 습관은
몸의 순환을 돕고,
매일 30분씩 걷는 습관은
체력을 단단하게 만들어 준다.

하지만 모든 습관이 이로운 것만은 아니다.
과식, 불규칙한 식사,
무의식적인 스마트폰 사용은
건강과 시간, 집중력을 조금씩 갉아먹는다.

그래서 우리는
자신의 습관을 '의식적으로' 들여다봐야 한다.
무엇이 나를 돕고 있는가?
무엇이 나를 방해하고 있는가?

그 다음은
나쁜 습관을 버리는 일이 아니라,
그 자리를 채울 새로운 습관을 만드는 일이다.
과식 대신
식사량을 줄이고 규칙을 세우고,
무심코 켰던 스마트폰 대신
책 한 장을 펼치고, 밖으로 한 걸음 내디뎌보자.

물론,
습관은 쉽게 바뀌지 않는다.
오랜 시간 쌓여온 만큼
바꾸기 위해서는
그만큼의 시간과 인내가 필요하다.

하지만 분명한 건,
습관이 바뀌면
삶이 달라진다는 사실이다.

습관을 우리가 다스리지 않으면,
결국 그것들이 우리를 지배하게 된다.

오늘,
작은 습관 하나를 바꾸는 데서
당신의 인생도 바뀌기 시작할 수 있다.

습관은
우리 삶의 방향을 바꾸는
가장 강력한 힘이다.

새해 인사 소감

새해 첫날, 많은 이들로부터 도착한 새해 인사 속에서
진심이 느껴지는 문장들을 만날 수 있어 무척 기뻤다.

"인생에 고민이 있을 때마다
의견을 구할 수 있는 스승님이 계셔서 참 든든합니다."
이 한 문장은 나를 오랫동안 울리는 감사의 울림이 되었다.

항상 자기 자리에서 묵묵히 최선을 다하고 있는 제자들.
그들이 오히려 나에게 큰 힘이 되어준다.
교수라는 직업을 넘어, 이런 인연이 있다는 것이
인생에서 가장 큰 축복이자 행운처럼 느껴진다.

"교수님 제자가 되어
만나게 된 게 제 인생에 엄청난 행운이었다는 걸
하루하루 살면서 느낍니다."
이런 고백은, 스승으로서의 나를 다시 일으켜 세우는
소중한 격려이자 기쁨이다.

올해에는 더 많은 도움을 주고 싶다.
단지 강의를 전달하는 교수가 아니라, 인생의 선배,
삶을 함께 고민하는 멘토로서 기억되고 싶다.

"교수님을 뵙고 삶을 대하는 태도가 달라졌다는 느낌이었습니다.
분명한 한 가지는, 그 영향이 결코 작지 않다는 점입니다."
이 말은 나 자신에게 조용하지만 분명한 사명을 일깨워 주었다.

새해에는 더 많이 성장하고, 더 깊이 배우며,
제자들에게 작게나마 선한 영향을 끼칠 수 있도록
더 진심을 다해 살아가야겠다고 다짐해본다.

따뜻한 말 한마디, 마음이 담긴 인사가
얼마나 큰 힘이 되는지를 새삼 느끼며…

아름다운 새해 인사 덕분에, 감사의 마음으로
새로운 한 해를 시작한다.

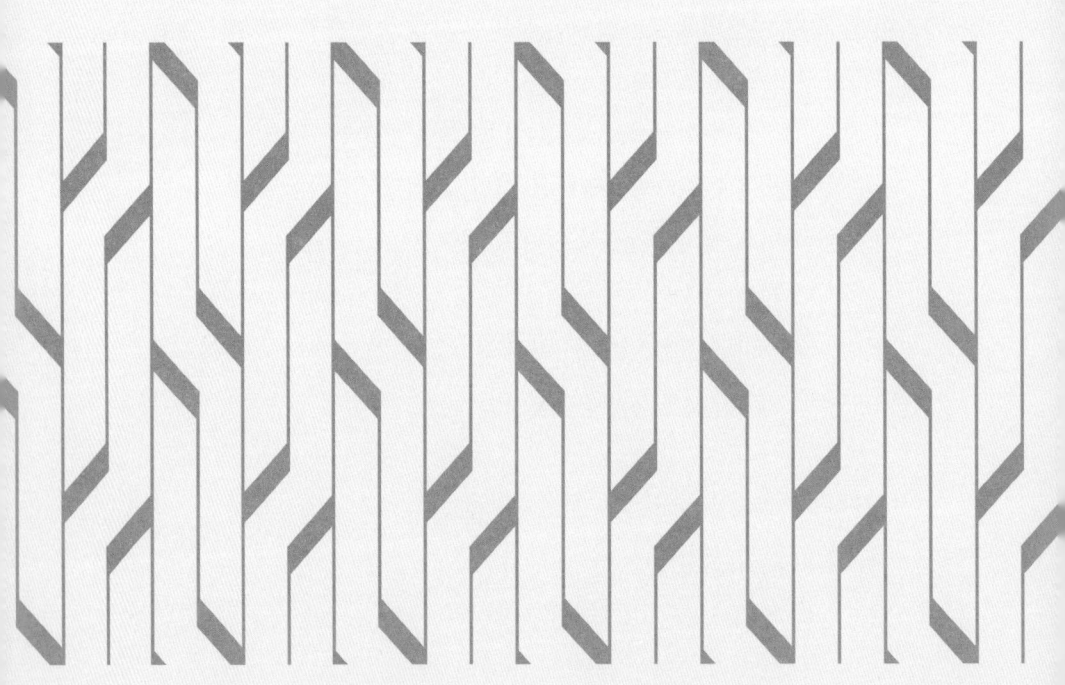

08

흔들려도 놓치지 말아야 할 것들

- We will either find a way or make one
- 삶의 두 가지 큰 일
- 용서, 행복으로 가는 지름길
- 마음의 근육을 키우는 법
- 수치심에 대하여
- 사람의 괴로움은…
- 집착하지 않을 결심
- 인생은 겸손을 배우는 수업
- 고객 사랑의 비밀
- 좋은 질문과 나쁜 질문
- 무엇을 하든 간에
- 좋아하는 일과 잘하는 일

We will either find a way or make one

"우리는 길을 찾거나, 없으면 만들 것이다."

포에니 전쟁 당시,
카르타고의 명장 한니발은
이 한 문장으로 역사의 한 장면을 뒤흔들었다.

로마는 당연히
강력한 해군력을 앞세운 카르타고가
지중해를 통해 공격해올 것이라 예상했다.
하지만 한니발은 예상 밖의 선택을 한다.
코끼리 부대와 함께
피레네 산맥을 넘고,
눈 덮인 알프스 산을 돌파해
육로로 로마를 향해 진군한 것이다.

아프리카의 태양 아래 자란 군대가
눈보라를 뚫고 알프스를 넘는 모습.

상상조차 하기 어려운 일이었다.
대부분은 불가능이라 했고,
어리석은 모험이라 여겼다.

하지만 한니발은 말했다.
"길이 없으면, 만들면 된다."

그 정신은
오늘을 살아가는 우리에게도
깊은 울림을 준다.

때로 우리는
누군가가 닦아 놓은 길만을 찾는다.
정해진 틀 안에서
예상 가능한 경로만을 따르려 한다.
하지만 인생에는
그런 길이 없는 순간이 더 많다.

그럴 때,
우리는 질문해야 한다.
"길이 없다고 멈출 것인가,
아니면 스스로 만들어 나갈 것인가."

한니발의 알프스 원정처럼
모든 도전은 두려움과 불확실함 속에 있지만,
그 길 끝에는
남들이 미처 보지 못한
가능성과 기회가 숨어 있다.

한니발처럼
우리가 인생을 향해
한 걸음 내딛는 순간,
길은 비로소 만들어지기 시작한다.

"우리는 길을 찾거나, 없으면 만들 것이다."

삶의 두 가지
큰 일

"세상의 두 가지 큰 일은
밭 갈고, 독서하는 일이다."

추사 김정희의 이 짧은 문장은
내 삶의 좌우명이기도 하다.

밭을 간다는 것은
몸의 양식을 위한 노동이고,
책을 읽는다는 것은
영혼의 양식을 위한 수양이다.

고진하 시인은 말했다.
"노동을 깔보는 지성은 관념에 머물기 쉽고,
책을 업신여기는 노동은 무지에 떨어지기 쉽다."

그래서 그는 '耕讀(경독)'을
세상을 굴리는 수레바퀴라 비유했다.

나는 이 말에 깊이 공감한다.

하루의 절반은 땀 흘리고,
또 다른 절반은 조용히 읽고 사유하는 시간.

몸과 마음을 나란히 가꾸는 일은
삶을 단단하게 세우는 바탕이다.

몸의 양식을 얻기 위해
밭 대신 책을 읽는 지식노동자라면,
두 마리 토끼를 동시에 쫓는 셈일지도 모르겠다.

물론,
'읽어야 하는 책'과
'읽고 싶은 책'은 다를 수 있다.
한 권은 생계를 위한 도구일 수 있고,
다른 한 권은 존재의 이유를 묻는 벗일 수 있다.

하지만 그 둘 사이에
가치의 높고 낮음을 따지기보다는,
두 다리로 서 있어야 균형을 잡듯
두 책을 함께 읽을 때
삶은 더 튼튼해지는 것 같다.

耕(밭갈이)은 땅을 살리고,
讀(독서)는 사람을 살린다.
그리고 이 두 가지는
결국 세상을 살리는 일이다.

몸과 마음을 나란히 가꾸는 일은
삶을 단단하게 세우는 바탕이다.

용서,
행복으로 가는 지름길

요즘 우리 사회는
마치 돌팔매질 대회장을 방불케 한다.
누군가 실수를 하면,
사냥감을 발견한 듯
사람들이 몰려들어 비난하고 공격한다.
심지어 진심 어린 사과에도
용서 대신 더 날카로운 말들이 돌아온다.

마하트마 간디는 말했다.
"약한 사람은 절대 용서할 수 없다.
용서는 강한 사람의 특성이다."
요란다 하디드는 여기에 덧붙였다.
"미안하다고 말하는 사람은 강한 사람이며,
용서하는 사람은 더욱 강한 사람이다."

용서는 강한 사람만이 할 수 있는 선택이다.
분노와 원한은 결국

자신의 마음을 좀먹는 독이 된다.
스트레스와 불안을 키우고,
과거에 우리를 가둔 채
현재의 평화를 앗아간다.

반면,
용서는 그 고리를 끊어낸다.
상처에서 한 걸음 벗어나
자유로워질 수 있는 길을 연다.
그리고 그 길은
상대를 위한 배려가 아니라,
오히려 자신을 위한 회복이다.

그래서 용서는
이기적인 선택이기도 하다.
나는 내가 더 편안해지기 위해
용서를 택하는 것이다.

마음을 묶고 있는 매듭을
내 손으로 조용히 풀어내는 것.

생각해본다.
"나는 누군가의 실수를
진심으로 용서할 수 있을 만큼
내면이 강한가?"

만약 우리가 서로를
따뜻한 시선으로 바라보고
실수를 품어줄 수 있다면,
이 사회는 분명 더 부드러워지고
우리의 일상은 한결 여유로워질 것이다.

용서는 단순히 상대에게 주는 선물이 아니다.
그보다 더 소중한 것은
그것이 나 자신에게 주는 평화라는 사실이다.

용서를 통해
스스로에게 자유를 허락하자.
그 길 끝에는
조금 더 가벼운 마음,
조금 더 가까워진 행복이 기다리고 있다.

마음의
근육을 키우는 법

"회복탄력성은 마음의 근력과 같다.
몸이 힘을 발휘하려면 강한 근육이 필요한 것처럼,
마음이 강한 힘을 발휘하기 위해서는
튼튼한 마음의 근육이 필요하다."
_김주환, 《회복탄력성》

나이가 들수록
몸의 근육은 자연스럽게 줄어든다.
그래서 우리는 단백질을 충분히 섭취하고
꾸준한 운동을 통해
근육을 유지하려 애쓴다.

그런데, 몸의 근육만 챙기고 있진 않은가?
마음도 근육이 필요하다.
감정의 무게를 견뎌내고
삶의 충격을 흡수해 다시 일어설 수 있으려면,
우리에겐 마음의 근력이 필요하다.

마음에도 '단백질'이 있다면,
그건 아마도 긍정의 에너지일 것이다.
작은 기쁨, 따뜻한 말 한마디,
나를 웃게 하는 풍경 하나.
이런 긍정의 조각들이
마음 근육을 자라게 한다.

운동도 필요하다.
감사의 스쿼트,
용기의 플랭크,
배려의 스트레칭,
때로는 용서를 위한 마음의 턱걸이.
조금씩, 꾸준히 반복할수록
마음은 탄탄해진다.

유연성도 잊지 말자.
새로운 경험과 만남은

굳어지기 쉬운 마음을 부드럽게 풀어주고,
지혜와 성찰은
마음을 넓고 깊게 만들어 준다.

무엇보다 중요한 건,
마음의 근육도 나이에 상관없이 계속 성장할 수 있다는 것.
꾸준한 연습,
의식적인 훈련,
그리고 스스로를 향한 따뜻한 격려가 있다면
우리는 매일 조금씩 더 강해질 수 있다.

오늘도,
내 마음에 긍정의 단백질을 먹이고
감사의 동작으로 하루를 움직여 보자.
그렇게 자라난 마음의 근육이
내일의 삶을 조금 더 단단하게 지켜줄 것이다.

무엇보다 중요한 건,
마음의 근육도 나이에 상관없이 계속 성장할 수 있다는 것.
꾸준한 연습, 의식적인 훈련,
그리고 스스로를 향한 따뜻한 격려가 있다면
우리는 매일 조금씩 더 강해질 수 있다.

수치심에
대하여

"수치심을 느껴야 할 때 수치심을 느끼는 것은
인간다운 삶과 도덕의 기초입니다."

《인성독서교육》이라는 책 소개에서 접한 문장이
유난히 마음에 남는다.

우리는 흔히 수치심을
부정적이고 피해야 할 감정으로 여긴다.
하지만 이 감정은
오히려 인간으로서의 깊이를 만들어 주는
소중한 감정일 수 있다.

수치심은 자신의 한계를 직시하게 만들고,
겸손하게 고개를 숙이게 한다.
또한 타인의 고통에 더 민감해지고,
공감과 연민의 감정을 통해
협동과 연대의 가능성을 키운다.

이러한 관점은
내가 소재인 교수와 함께 수행했던 연구에서도 확인된 바 있다.
그 연구에서 우리는
수치심이 광고에 대한 회상이나
제품에 대한 호의적 태도를 이끌어낼 수 있음을 보여주었다.

즉, 수치심은
사람의 주의를 집중시키고, 내면을 돌아보게 하며
행동을 조정하도록 만든다.

수치심은 부끄러운 감정이 아니다.
오히려 그것은 우리 안의 인간다움을 지키고,
도덕적 삶으로 이끄는
은밀하지만 강력한 내면의 나침반이다.

때로는 조용히 고개 숙이게 만드는 감정이
우리 삶을 더 단단하고 따뜻하게 만든다.

사람의
괴로움은…

"사람의 괴로움은 끝없는 욕심에 있다.
자기 분수에 만족할 줄 안다면 마음은 항상 즐겁다."
_《채근담》

욕망은
사람을 앞으로 나아가게도 하지만,
그 끝을 모르고 키우면
오히려 삶을 지치게 만든다.

아무리 좋은 음식도
지나치면 독이 되고,
아무리 좋은 운동도
무리하면 몸을 해친다.

중요한 것은
스스로의 분수를 아는 일.
어디까지가 나에게 적절한지,

무엇이 과한 욕심인지
살피는 마음이다.

분수를 안다는 건
스스로를 작게 만드는 일이 아니다.
오히려 내 삶의 중심을 지키는 일이며,
몸과 마음의 균형을 되찾는 출발점이다.

지금의 나를
너무 작게도,
너무 크게도 보지 않으면서,
있는 그대로의 나를
기꺼이 받아들이는 용기.

그 속에 진짜 즐거움이 있다.

집착하지 않을
결심

"사랑하되 집착이 없어야 하고,
미워하더라도 거기에 오래 머물러서는 안 된다.
사랑이 오면 사랑을 하고, 미움이 오면 미워하되
머무는 바 없이 해야 한다."

괴로움의 뿌리는 집착이라는
법정 스님의 말씀.

감정은 자연스러운 것이지만,
그 자리에 머물며 자신을 묶는 일은
고통의 시작이 된다.

사랑이든 미움이든
인연 따라 피고 지는 감정이라면
흘러가도록 두어야 한다.
붙잡으려 할수록 더 깊이 엉키고,
놓을수록 마음은 가벼워진다.

사랑할 땐 진심으로 사랑하고,
미워할 땐 솔직하게 미워하되,
그 감정에 머무르지 말 것.
인연을 받아들이되,
거기에 나를 가두지 말 것.

오늘도 최선을 다해 살되,
그 결과에 집착하지 않으리.

흘러가는 강물처럼
머무르지 않고
그러나 매 순간 진실하게 흐르는 마음으로,
집착하지 않을 결심을 되새긴다.

인생은
겸손을 배우는 수업

"인생은 겸손을 배우는 긴 수업시간이다."
_제임스 매슈 베리, 《피터 팬》

이 말이 요즘처럼 마음 깊이 다가온 적이 있을까.
오랜 시간 연구에 몰두하고, 때로는 운동처럼
한 가지 일에 집중하며 지내다 보면
결국 남는 것은 실적이 아니라 태도라는 것을 깨닫게 된다.
그중에서도 겸손은 가장 배워야 할 덕목이다.

조선 시대 황희 정승은
지위가 높아질수록 오히려 자신을 낮췄다.
그는 영의정으로 18년, 좌의정으로 5년,
우의정으로 1년,
무려 24년 동안 정승 자리를 지켰다.
그 긴 시간 동안 그가 존경받았던 이유는
뛰어난 능력에 더해진
겸손함이라는 덕목 덕분이었다.

나이가 들수록
지혜보다 말의 공손함이 먼저 필요할 때가 있다.
지식보다도 태도가,
능력보다도 자세가 빛을 발한다.

그리고 무엇보다 중요한 건
'나는 겸손하다'고 스스로 자부하는 순간,
이미 겸손과는 멀어지고 있다는 사실을
잊지 않는 것이다.

진짜 겸손은
스스로도 모르게 배어 나오는 말투와 표정,
타인을 향한 작은 배려 속에 깃들어 있다.

인생이라는 긴 수업 시간,
겸손은 늘 가장 어려운 과목이지만
가장 중요한 과목이기도 하다.

고객 사랑의
비밀

"나는 배웠다.
다른 사람이 나를 사랑하게 만들 수는 없다는 것을.
내가 할 수 있는 일은
사랑받을 만한 사람이 되는 것뿐임을.
사랑을 받는 일은
그 사람의 선택에 달렸으므로…"
_오마르 워싱턴, 「나는 배웠다」 중에서

이 시의 첫 구절은
우리가 맺고 있는 수많은 관계에 대해
중요한 깨달음을 던져준다.
그리고 그 메시지는
비즈니스의 본질,
고객과의 관계에도 그대로 적용된다.

우리는 종종
고객이 왜 우리를 좋아하지 않는지,

왜 떠나는지 원망하고 섭섭해 한다.
그러나 사랑이든 신뢰든
그 시작은 '상대방의 선택'에 달려 있다.
내가 할 수 있는 일은
그 선택을 받을 만한 사람이,
혹은 기업이 되는 것이다.

고객이 만족하지 않는다면
그 이유는 어디에 있을까?
우리가 제공하는 가치가 충분했는지,
그들이 원하는 것을 진심으로 이해하고 있었는지
먼저 스스로에게 물어야 한다.

"좋은 서비스란 단지 친절함을 넘어,
상대방의 기대를 읽고 먼저 채워주는 일이다."
이 말처럼
고객의 신뢰를 얻기 위해선

단순히 제품이나 서비스를 제공하는 것을 넘어
그들의 마음을 헤아리는 노력이 필요하다.

사랑은 강요할 수 없다.
그저 믿고 선택받을 수 있을 만큼
가치를 다해 진심으로 다가갈 뿐이다.

고객 사랑의 비밀은
바로 이 단순한 진리 속에 있다.
먼저 사랑받을 만한 사람이 되는 것.
그것이 신뢰를 만들고,
결국 오래도록 선택받는 브랜드를 만든다.

나는 배웠다.
다른 사람이 나를 사랑하게 만들 수는 없다는 것을.
내가 할 수 있는 일은 사랑받을 만한 사람이 되는 것뿐임을.
사랑을 받는 일은 그 사람의 선택에 달렸으므로…

좋은 질문과
나쁜 질문

질문에는 두 가지가 있다.
생각을 열어주는 질문,
그리고 마음을 닫게 만드는 질문.

"취직은 언제 하니?"
"결혼은 안 하니?"
"왜 아이는 낳지 않니?"

이런 말들은 답을 궁금해서 묻는다기보다는
기준에 맞추기를 요구하는 말처럼 들릴 때가 많다.
질문인 듯하지만,
사실은 다그침이고 때로는 간섭이다.
듣는 이의 마음을 불편하게 만든다.

반면 좋은 질문은 정말 알고 싶어서 묻는다.
관점을 바꾸게 하고, 본질을 돌아보게 하며,
지금까지 생각하지 못한 답을 스스로 찾게 만든다.

"요즘 가장 마음을 끄는 건 뭐야?"
"어떤 순간에 가장 나다워져?"
"지금의 너를 기쁘게 하는 건 뭘까?"

질문은
그 사람의 마음에 닿을 수도 있고,
그 마음을 닫게 만들 수도 있다.

그렇다면 우리는
어떻게 하면 더 좋은 질문을 던지며 살아갈 수 있을까?
누군가에게, 그리고 나 자신에게도.
질문은 말을 시작하는 문장이 아니라
이해를 향한 마음의 태도인지도 모른다.
좋은 질문은 좋은 관계로 이어지고, 깊은 삶으로 이어진다.

오늘,
당신은 누구에게 어떤 질문을 건네고 있나요?

무엇을
하든 간에

"무엇을 하든 간에
그 일을 계속하셨으면 좋겠습니다.
계속하다 보면, 평소와 똑같이 했는데
그동안 받지 못했던 위로와 보상이 찾아오게 될 것입니다."
_배우 오정세, 백상예술대상 수상 소감 중

TV 드라마 '동백꽃 필 무렵'에서
진심을 다해 연기했던 배우 오정세.
그의 이 말은
배우의 고백이자,
삶을 살아가는 모든 이들을 향한 위로다.

누군가 알아주지 않더라도
묵묵히 자신의 일을 이어가는 사람들.
크게 빛나지 않아도
매일을 성실하게 살아내는 이들에게
언젠가는 찾아오는 조용한 보상.

'계속함'은
결국 나라는 사람을 만들어 간다.
그리고 그 축적된 시간은
우리가 예상하지 못한 순간,
깊은 보람으로 되돌아온다.

작은 일이라도
포기하지 않고 이어갈 수 있다면,
그 자체가 이미 누군가에겐 위로이고,
내게는 기적이다.

지금도 각자의 자리에서
조용히 버텨내고 있는 모든 이들에게,
이 말을 다시 건네 본다.

"계속해 주세요.
그 길 위에서, 언젠가는 빛이 당신을 알아볼 테니까요."

좋아하는 일과
잘하는 일

우리는 종종 '좋아하는 일'과 '잘하는 일' 사이에서
어느 하나를 선택해야 한다고 느낀다.
그러나 그 둘은 반드시 양자택일의 관계여야 할까?

이런 사고는 우리 안에 뿌리 깊이 자리한
이분법적 습관에서 비롯된 것인지도 모른다.
진정한 만족과 행복은 좋아하는 일과 잘하는 일을
어떻게 조화롭게 엮어내는가에 달려 있다.

번아웃은 단순히 너무 많이 일해서 생기는 게 아니다.
한 가지 일에만 지나치게 몰두하고,
자신의 삶을 그 안에만 가두었을 때
비로소 지치기 시작한다.
직장이든, 취미든, 사명감이든 어떤 일이든 그럴 수 있다.

때로는 성장을 위해 멈춰서야 하고,
초심으로 돌아가야 하며, 전혀 다른 방향에서

새로운 자극을 받아야 할 때도 있다.
그것이 꼭 직업적 성취와 연결되지 않더라도 말이다.

생각해보자.
지금 나는 잘하는 일에만 너무 몰두하고 있는 건 아닐까?
단지 결과가 안 좋다는 이유로
내가 좋아하는 일을 미뤄두고 있지는 않을까?
혹시 관심과 열정을
모두 생계나 성과로만 연결시키고 있지는 않은가?

우리의 삶은 계속해서 확장되어야 한다.
가끔은 익숙한 경로를 벗어나 새로운 영역을 탐험해 보고,
그 속에서 다시 내 마음이 뛰는 순간을 마주해야 한다.
좋아하는 일을 너무 작게 만들지 말고,
잘하는 일에만 자신을 가두지 말자.
삶은 선택이 아니라,
조화로 빚어내는 예술이니까.

에필로그

여전히 배움은
계속되고 있습니다

글을 쓰며 알게 되었습니다.
정답보다 더 오래 남는 것이 있다는 걸요.
누군가의 말 한 줄, 눈빛 한 번,
잘 들려주지 않았던 자신의 속마음 같은 것들.
살아간다는 건 어쩌면
잘 사는 법을 매일 새로이 배우는 일인지도 모릅니다.
실수하고, 흔들리고, 그럼에도 다시 마음을 다잡는 일.
이 책을 덮는 지금, 저는 여전히 배웁니다.
용서하는 법, 내려놓는 법, 기뻐하는 법,
그리고 가끔은 그냥 조용히 머무는 법.
그 배움이 나를 좀 더 부드럽게 만들고,
조금은 더 따뜻한 사람이 되게 한다면,
그걸로 충분하다고 생각합니다.
당신에게도
이 글들이 작은 쉼이자,
나직한 동행이 되었기를 바랍니다.